Inhaltsverzeichnis

W0383816

Zum Aufwärmen

1 Was gehört hier bloß zusammen? Verbinde einen Begriff der ersten Zeile mit dem passenden aus der zweiten und dritten Zeile! Die Formen helfen dir bei der Suche!

Nomen | Verb | Artikel | Pronomen | Konjunktion | Adjektiv

Fürwort | Bindewort | Hauptwort | Eigenschaftswort | Geschlechtswort | Zeitwort

er, mein | Haus, Hunger | das, ein | weil, dass | laufen, hoffen | groß, lieb

Zum Üben

2 Was für ein Chaos, hier gehört aufgeräumt! Gib die Wörter in den richtigen Sack!
(**Tipp:** Streiche die verwendeten Wörter durch!)

emsig aufräumen dass einen Putztruppe
Ordnung sauber Zufriedenheit der lernen
ungepflegt entrümpeln die aber weil

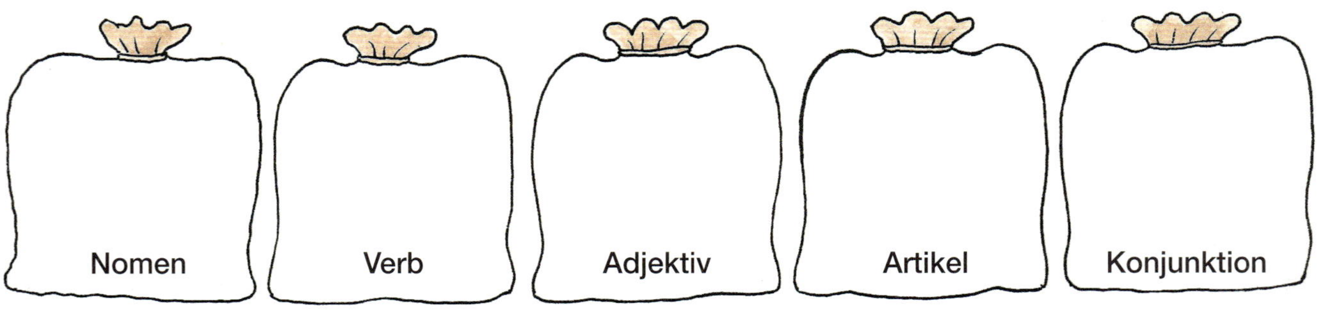

Informiere dich mittels Smartphone oder PC über die zehn Wortarten der deutschen Sprache!

Key: 892

3 Wortwiederholungen können vermieden werden, Pronomen (Fürwörter) helfen dir dabei! Ersetze die Wörter in Klammer durch ein passendes Pronomen!

Jedes Jahr steht in unserer Familie der Frühjahrsputz an. Doch bevor __________ (unsere Familie) richtig starten kann, müssen zuerst einmal alle Putzgeräte gesucht werden. Wo ist nur der Besen geblieben? Steht __________ (der Besen) hinter der Tür? Die Putzeimer sind auch verschwunden. Sind __________ (die Putzeimer) nicht für eine Wasserschlacht im letzten Sommer verwendet worden? Und das Spülmittel, wurde __________ (das Spülmittel) nicht als Seifenblasenwasser verwendet? Bis alle Putzmaterialien gefunden sind, ist es auch schon beinahe Herbst geworden. Wozu jetzt noch sauber machen, der nächste Frühjahrsputz steht ohnehin bald an …

4 Bei diesen Numeralia (Zahlwörtern) fehlt die „Hälfte“. Kannst du sie dennoch entziffern und richtig auf die Zeilen schreiben?

der ᴢwoııte Geburtstag	______	sarıııuıcııe Hefte	______
ein ııaıues Brot	______	vıeıe Fragen	______
ıııeıııeıe Schüler	______	D/uutzeııue Mäuse	______
eine ıvıııııoıı Euro	______	der ᴢweıte im Ziel	______

5 Oh je, hier sind die Präpositionen (Vorwörter) einfach verschwunden! Schaffst du es, den Text wieder zu vervollständigen?

Eine Mutter im ______ Kampf gegen die Unordnung: „______ deinem Schreibtisch sieht es ja furchtbar aus, ich könnte hier keine fünf Minuten arbeiten! Die Bücher liegen nicht ______ einem Stapel, sondern überall verstreut. Die Stifte sind ______ dem Boden verstreut, anstatt ______ der Federschachtel zu sein. ______ dem Bett liegen die Comic-Hefte. ______ Monaten hängen ______ den Wänden zerrissene Poster. Nur ______ deinem Bücherregal gibt es nichts auszusetzen. ______ deinem Bruder ist das ganze Zimmer ______ vorbildhaftem Zustand!“ „Ich weiß“, entgegnet die Tochter ihrer Mutter, „______ mich ist das selbstverständlich. Wo ich bin, herrscht Chaos, leider kann ich nicht überall gleichzeitig sein!“

6 Die Meisterprüfung steht an! Bestimme alle Wörter in den folgenden Sätzen nach ihrer Wortart!

N = Nomen	**V** = Verb	**K** = Konjunktion	**Pron** = Pronomen
Adj = Adjektiv	**Art** = Artikel	**Präp** = Präposition	**Num** = Numerale

Art Adj
Die freundliche Nachbarin holt schnell frische Eier für den Kuchen.

Auf dem hölzernen Tisch stehen zwei altmodische Kerzenständer.

Da der Mann raste, musste er eine hohe Strafe zahlen.

Nach dem Gewitter kommt die Sonne hervor und blendet mich in den Augen.

Zum Abschluss

7 Denksport für schlaue Köpfe: Jedes Kind hat eine Lieblingswortart (Nomen, Verb, Adjektiv) und einen Wortartenexperten, den es um Rat fragen kann (Frau Klug, Herrn Schlau, Nachbarn Fuchs).

1. Peter mag das Nomen nicht. Er und Stefanie fragen nicht Nachbar Fuchs um Rat.
2. Max’ Lieblingswortart ist das Adjektiv. Stefanie kennt Herrn Schlau überhaupt nicht.

Name	Lieblingswortart	Wortartenexperte
Max		
Stefanie		
Peter		

Zum Aufwärmen

1 Hier haben sich sechs Begriffe versteckt, die für das Schreiben einer Erlebniserzählung wichtig sind. Markiere sie mit einem bunten Stift!

H	Q	E	I	N	L	E	I	T	U	N	G	B	S	K
A	W	P	R	Z	C	N	J	T	D	B	W	Z	C	F
U	D	H	O	E	H	E	P	U	N	K	T	A	H	A
P	O	Z	V	G	A	H	E	O	V	W	L	T	L	H
T	I	F	A	C	A	O	A	E	X	Q	R	F	U	E
T	P	O	T	X	I	M	R	U	Y	T	Z	S	S	D
E	L	S	T	I	M	M	U	N	G	E	N	G	S	J
I	C	X	D	P	A	G	S	K	P	W	H	V	R	B
L	S	P	A	N	N	U	N	G	S	K	U	R	V	E

Zum Üben

2 Bei einem Erzählanfang sollen die Fragen „Wer?, Was geschieht?, Wo?, Wann?" beantwortet werden. Kannst du aus den vorgegebenen Wörtern drei lustige Sätze bilden?

WANN?	WER?	WO?	WAS GESCHIEHT?
vormittags	Landstreicher	Mond	düsen
1935	~~die Katze~~	~~Urwald~~	lauern
~~spätabends~~	Pilot	Weizenfeld	~~zaubern~~
niemals	Märchenfee	Hütte	schnarchen

1. Spätabends zaubert die Katze im Urwald.
2. ______________________________
3. ______________________________
4. ______________________________

3 Stimmungsvolles Schreiben will geübt sein! Kannst du die Stimmungen der jeweils richtigen Spalte zuordnen?

tobende Menge • angsterfüllter Schrei • tiefschwarz • hoch konzentriert • grelle Blitze • schauerliches Gelächter • glühende Köpfe • wolkenverhangen • Donnergrollen • zittrige Stimme • verbissen kämpfen • gruselig

Horrorfilm	Wettlauf	Gewitter

4 Bildhafte Beschreibungen schaffen in Erlebniserzählungen die notwendige Stimmung. Kannst du den Nomen ein passendes Adjektiv voranstellen? Die Zeichnung und der Wortkasten helfen dir dabei.

_______________ Baum
_______________ Katze
_______________ Feuerwehrauto
_______________ Leiter
_______________ Blaulicht
_______________ Feuerwehrmann
_______________ Menschen

eingeschaltetes • schwarze • gaffende • mutiger • großes • haushoher • ausgefahrene

5 Oh je! Bei diesem Brief sind die Buchstaben einzelner Wörter durcheinandergeraten. Kannst du die Wörter richtigstellen?

In dieser mondhellen _______________ (Nahct) hatte ich einen seltsamen Traum: Im Keller sollte ich Erdäpfel holen, doch als ich die letzte Kellerstufe erreichte, fielen _______________ (aterbausnede) widerliche Mäuse über mich her. Sie _______________ (dücrketn) mich an die Wand und fesselten mich mit alten Springseilen. Ich schrie so laut ich konnte, mein Herz raste, _______________ (Gnsäehuat) kroch mir langsam den _______________ (Rckeün) empor und ich _______________ (tautre) kaum meinen Augen. Aus dem Nichts erschien eine riesige, dicke, alte Maus, die sich als Sofia, die _______________ (Anfhüreirn) der Mäuse zu erkennen gab.
Kann man sich das vorstellen? Diese Maus konnte reden! Sie hatte _______________ (laieckrte) Nägel, trug einen kitschigen, rosaroten _______________ (Bedamanetl) und eine pinke Badehaube. Die _______________ (Lepipn) waren rot angemalt und um den Hals trug sie eine viel zu lange _______________ (Kteet) mit Glitzersteinen. Ihre Füße steckten in lilafarbenen _______________ (Pnaoffteln). Ich war kurz davor, den Verstand zu verlieren und loszulachen. Doch dann …

6 Wie könnte dieser Traum wohl zu Ende gehen? Erfinde einen kurzen, aber lustigen Schlussteil!

____
____
____
____

Zum Abschluss

7 Hier findest du neun mögliche Überschriften für diesen Text. Welche drei gefallen dir am besten? Schreibe sie fehlerfrei auf die Zeilen!

Der Schr ck meines L bens	Die ver ückte M s	Alles nur eträumt?
nde gut, Mäuse g t	D e Mäu erevolte	Keine ngst vor Mäusen!
Sofia, die schr ge Maus	Das g aubt mir kei er!	Und sie s rechen d ch!
_______________	_______________	_______________

Flug nach London

1 Trage die Landeshauptstädte, von denen aus nach London geflogen werden kann, richtig in die Tabelle ein!

GRZ = Graz, VIE = Wien, LNZ = Linz, KLU = Klagenfurt, INN = Innsbruck, SZG = Salzburg, LHR = London Heathrow, LCY = London City Airport

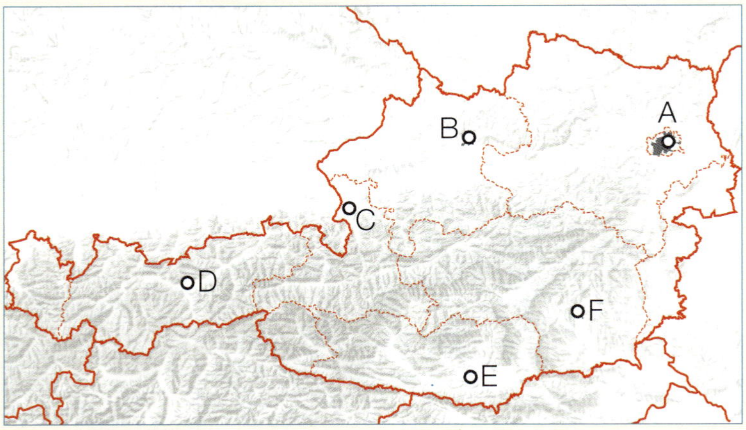

A:	
B:	
C:	
D:	
E:	
F:	

1. Jul.	05:50 – 14:50	**LNZ** – VIE VIE – **LHR**	OS 958 OS 461	○ 389,47 €
1. Jul.	07:05 – 08:40	**VIE** – **LHR**	OS 451	○ 320,13 €
1. Jul.	06:00 – 08:40	**SZG** – VIE VIE – **LHR**	OS 926 OS 451	○ 388,89 €
1. Jul.	06:35 – 09:40	**INN** – VIE VIE – **LCY**	OS 914 OS 467	○ 389,54 €
1. Jul.	06:00 – 08:40	**KLU** – VIE VIE – **LHR**	OS 944 OS 451	○ 388,90 €
1. Jul.	06:00 – 08:40	**GRZ** – VIE VIE – **LHR**	OS 964 OS 451	○ 388,33 €

2 Beantworte die folgenden Fragen mithilfe der Flugplanübersicht!

Wie lange ist die kürzeste Reisezeit?[1] __:__

Welche ist die längste Reisezeit?[1] __:__

Welcher Flug geht als einziger direkt nach London? ______________________

Welcher ist der billigste Flug? ______________________

Welcher ist der teuerste? ______________________

[1] Beachte, dass die Ankunftszeit die Londoner Ortszeit ist (z. B. Österreich 8 Uhr = Großbritannien 7 Uhr)!

Auf dem Flugplatz

3 Kannst du gut überlegen?

- Ordne den Luftfahrzeugen diese Namen zu: Flugzeug der Brüder Wright, Doppeldecker, Junkers 52, Zeppelin, Boeing DC-8, Boeing 747, Concorde✓, Space Shuttle
- Ordne den Flugzeugen (außer dem der Brüder Wright) ihr Baujahr zu! Schreibe es zu den Flugzeugnamen! 1910, 1920, 1935, 1950, 1970, 1980✓, 1990
- Welche abgebildeten Transportmittel werden nicht als Flugzeug bezeichnet?

  ____

- Welches abgebildete Transportmittel kann die geringste Anzahl an Passagieren mitnehmen, welches die höchste?

  ____

- Welches Transportmittel wird am Rücken von Raketen vom Boden gestartet?

  ____

- Welches Transportmittel hatte auch Kabinen mit Betten, Restaurants und Duschen an Bord?

  ☐ Boeing DC-8 ☐ Junkers 52 ☐ Zeppelin ☐ Concorde

4 Kannst du gut raten?

- Wann flog das erste Flugzeug der Welt, jenes der Brüder Wright?
  ☐ 1847 ☐ 1898 ☐ 1903 ☐ 1907
- Wie lang dauerte der längste Flug eines dieser Transportmittel?
  ☐ 26 Stunden ☐ 3 Tage und 11 Stunden ☐ 4 Tage und 3 Stunden ☐ 17 Tage und 15 Stunden
- Wie schnell fliegen die Trägerraketen des Space Shuttles?
  ☐ 2 000 km/h ☐ 12 000 km/h ☐ 27 000 km/h ☐ 147 000 km/h
- Wie schnell flog die Concorde?
  ☐ 987 km/h ☐ 1 123 km/h ☐ 1 537 km/h ☐ 2 405 km/h

Zum Aufwärmen

1 Weißt du noch, welche vier Umstandsergänzungen es gibt? Notiere auch je zwei passende Fragewörter darunter?

_______________ _______________ _______________ _______________
_______________ _______________ _______________ _______________
_______________ _______________ _______________ _______________

Zum Üben

2 Jeder Satz besteht aus einem Subjekt und Prädikat. Trage die unten angeführten Subjekte und Prädikate richtig ein. Unterstreiche anschließend das Subjekt blau und das Prädikat rot.

die Mäuselein • knurrt • die Hühner • bereit • die Katze • kauert • ein Such- und Versteckspiel • gurrt • das Mägelein • aufleben • die Taube • begeben

Wenn nachts die Eule auf Beute lauert und _______________ auf dem Boden _______________, _______________ dem Fuchs auch schon _______________ und _______________ auf'm hohen Dache _______________, _______________ sich zur Ruhe _______________ und _______________ langsam _______________, beginnt aufs Neue in der Dunkelheit, ein _______________ – drum sei _______________.

3 Schwierig, aber machbar! Bestimme die unterstrichenen Wörter und verwende wenn möglich die lateinischen Begriffe! Der Infokasten wird dir dabei helfen.

	Fragewort	Fall	Geschlecht
Das Brot der Bäckerin schmeckt wunderbar.			
Dem Fuchs gefallen die Hühner.			
Das Haus ist schon sehr alt.			
Den Letzten beißen die Hunde.			

MERKE!

1. Fall (Nominativ) – Wer? Was?
2. Fall (Genitiv) – Wessen?
3. Fall (Dativ) – Wem?
4. Fall (Akkusativ) – Wen? Was?

männlich (maskulin) – **m**
weiblich (feminin) – **f**
sächlich (neutrum) – **n**

4 Da hat sich wohl jemand bei den Attributen (Beifügungen) geirrt! Ordne jedem Tier das richtige Attribut zu!

die stachelige Elster → diebische
die miauende Maus → _______________
der langsame Schwan → _______________
der schlaue Fisch → _______________
der weiße Igel → _______________
der graue Fuchs → _______________
die stumme Katze → _______________
die diebische Schnecke → _______________

5 Kennzeichne im folgenden Text die Satzglieder, indem du sie durch Striche abtrennst.

Auf einem Bauernhof findet man viele verschiedene Tiere.
Die Hennen gackern auf dem Mist, die Schweine suhlen sich im Schlamm.
Wegen des schlechten Wetters konnte das Getreide unglücklicherweise nicht gedroschen werden.
In der Früh und am Abend werden die Kühe im Stall gemolken.

6 Jetzt geht's zum Schwierigsten! Arbeite sorgfältig und bestimme die Satzglieder in den folgenden Sätzen! (**Tipp:** Trenne die Satzglieder zuerst durch Striche voneinander ab!)

Informiere dich mittels Smartphone oder PC über die einzelnen Satzglieder!

Key: 549

ZE P S O4 OE
Morgen | besucht | der Igel | den Hasen | in seinem Bau.

Der Fuchs frisst gerne Gänse.

Der Bauer melkt die Kuh im Stall.

Der Knecht rühmt sich seiner Melkkünste.

Der Hahn pickte gestern den Hühnern alle Körner weg.

Wegen seiner Wunde jagt der kleine Hund keine Hühner.

S = Subjekt
P = Prädikat

O2 = Ergänzung im 2. Fall
O3 = Ergänzung im 3. Fall
O4 = Ergänzung im 4. Fall

ZE = Zeitergänzung
OE = Ortsergänzung
AE = Artergänzung
BE = Begründungsergänzung

Im letzten Satz hat sich ein Attribut (Beifügung) versteckt. Kannst du es finden? ______________

Zum Abschluss

7 Eine knifflige Mission wartet auf dich! Kannst du herausfinden, was hier gesucht wird?

a) Obwohl kein Satz ohne mich auskommt, stehe ich fast immer „erst" an zweiter Stelle. Nur wenn du eine Frage stellst, kann es sein, dass ich ganz vorne zu finden bin!

____

c) Ich helfe dir herauszufinden, in welchem Fall die Wörter stehen – manchmal mit „wen oder was?", ein anderes Mal wieder mit „wem?".

____

b) Ich gebe den Nomen den nötigen Pep! Wenn ich nicht wäre, so hieße es nicht: „der schlaue Fuchs", sondern nur „der Fuchs".

____

d) Ich, meine Damen und Herren, bin eindeutig die Nummer Eins und zwar in jedem Satz. Ich bin der Chef und sage, wer oder was gemeint ist!

____

Zum Aufwärmen

1 **So kann man dieses Sudoku-Rätsel lösen:**

Bei diesem Spiel trainiert man seine grauen Gehirnzellen. Das Spiel besteht aus einem Gitterfeld mit **Blöcken**, die jeweils in 3 mal 2 Felder unterteilt sind. Man soll die bereits vorgegebenen Ziffern ergänzen. **In jedem Block** darf man die Ziffern 1–6 **nur einmal eintragen, ebenso in jeder Zeile und jeder Spalte.** Als Anfängerin/Anfänger ist man gut, wenn man das Rätsel unter 3 Minuten schafft, als Geübte/Geübter, wenn man nicht mehr als 2 Minuten braucht.

5	1	6			2
	4		5	6	
2			3		6
6		4		2	
1		3		5	4
	6		2		3

Zum Üben

2 Übertrage die Spielanleitung in die Du-Form in dein Heft!

So kannst du dieses Sudoku-Rätsel lösen:

3 Lies die folgende Spielanleitung und führe das Spiel durch!

Streng dich an!
Für dieses Spiel brauchst du neun Münzen. Verteile sie nach Belieben auf dem Spielfeld. Du kannst mit einer Münze über eine andere springen, wenn dahinter ein freies Feld liegt. Du darfst waagrecht, senkrecht oder diagonal hüpfen. Jede Münze, die du übersprungen hast, wird aus dem Spiel genommen. Du sollst so springen und Münzen wegnehmen, dass zum Schluss nur eine Münze übrig bleibt.

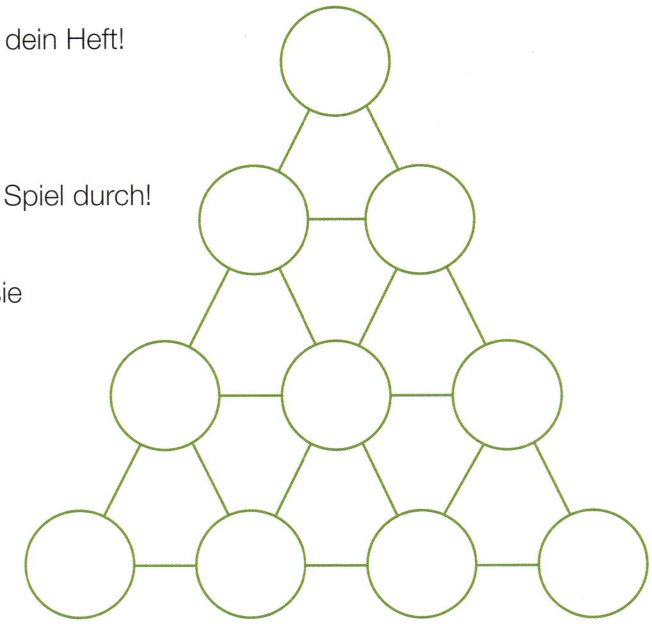

4 Übertrage die Spielanleitung in die Passiv-Form in dein Heft!

Für dieses Spiel werden neun Münzen gebraucht.

5 Kannst du eines meiner Lieblingsbücher auf diese Weise erraten? Trage den Buchtitel hier ein!

1. Handelt das Buch vor allem von Tieren?	Nein.
2. Spielt die Geschichte in Europa?	Ja.
3. Handelt es sich um ein Sagenbuch?	Nein.
4. Ist es eine wahre Geschichte?	Nein.
5. Steht ein Mädchen im Mittelpunkt?	Ja.
6. Handelt es von einem Unglücksfall?	Nein.
7. Kommen auch andere Kinder vor?	Ja.
8. Spielt die Geschichte in Schweden?	Ja.
9. Kommen ein Pferd und ein Affe auch vor?	Ja.

6 Schreibe ein ähnliches Rätsel über dein Lieblingsbuch in dein Heft!

7 Wer wohnt wo? Kannst du das anhand der Informationen herausfinden?

Haus 24

Fam. Tomaschek wohnt zwei Etagen über Herrn Baumann. Fam. Donner wohnt gleich unter Frau Koller. Sabine Weiß wohnt im obersten Stockwerk. Herr Baumann und Fam. Donner wohnen auf derselben Etage. Herr Peter wohnt links von Frau Koller. Frau Koller wohnt eine Etage über Herrn Baumann, aber nicht direkt über ihm.

Herr Baumann

Sabine Weiß

Fam. Tomaschek

Frau Koller

Herr Peter

Fam. Donner

Zum Abschluss

8 Verkehrt und doch richtig. Kannst du die fehlenden Wörter richtig ergänzen?

In der Autowerkstätte

Gestern brachte ich meinen  Wagen ________ in die Werkstätte.

Der Mechaniker öffnete die Kühler________  und prüfte den Motor.

An einem  ________ war eine Schraube locker.

Dann wechselte er die vier Zünd________  aus.

Beim Abblendlicht war eine Glüh________  defekt und das  ________ hatte einen Sprung.

Einer der 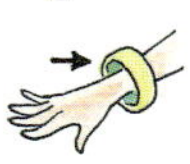 ________ hatte einen Platten.

Das Tür________  auf der rechten Seite war eingerostet und ließ sich nicht öffnen.

Auch eine  ________ im Stoßdämpfer musste ausgetauscht werden.

Tiere in Geschichten

Tiergeräusche
Die Fliege fliegt? Genau!
Der Bär bärt? Nein, er brummt!
Die Spinne spinnt? Ja, aber …!
Der Hamster hamstert? Natürlich!
Der Fisch fischt? Nein, er schwimmt!
Die Biene bient? Keinesfalls!
Die Ente entet? Tsss?
Der Hund ... Die Zirpe ... Der Löwe ... Der Jaguar ...

1 Also einfach ist das nicht mit den Tieren! Kannst du die Geräusche von zehn Tieren aufschreiben?

Der Bär brummt.

Drei Stiere und der Löwe
Eines Tages schlossen drei Stiere miteinander ein Abkommen, um die Gefahren auf der Weide mit vereinten Kräften besser abwehren zu können. Auf diese Weise konnte ihnen sogar der Löwe nichts anhaben. Der ärgerte sich sehr und wurde immer hungriger. Da stiftete er Uneinigkeit unter den Stieren, indem er jedem erzählte, dass die anderen beiden schlecht hinter seinem Rücken über ihn redeten. Das wirkte. Sie trennten sich, und schon nach acht Tagen hatte der Löwe jeden einzeln angegriffen und verzehrt.

2 Bewerte die Aussagen! Kreise die richtige Antwort ein und bemale die richtigen Felder in der Grafik!

J Stimmt, bzw. ja, das ist die Lehre der Fabel.
N Stimmt nicht, bzw. nein, das ist nicht die Lehre der Fabel.

Wenn sich Schwächere zusammenschließen, sind sie vor Stärkeren geschützt.	J = 1	N = 2
Mit Klugheit und List kommt man oft weiter als mit Stärke.	J = 3	N = 4
Man sollte seinen Feinden nicht mehr Glauben schenken als seinen Freunden.	J = 5	N = 6
Der Löwe sagte die Wahrheit.	J = 7	N = 8
Dem Löwen gegenüber sollten die Stiere misstrauisch sein.	J = 9	N = 10
Übermut tut selten gut.	J = 11	N = 12
Wahre Freunde sollten einander nicht misstrauen.	J = 13	N = 14
Der Apfel fällt nicht weit vom Stamm.	J = 15	N = 16

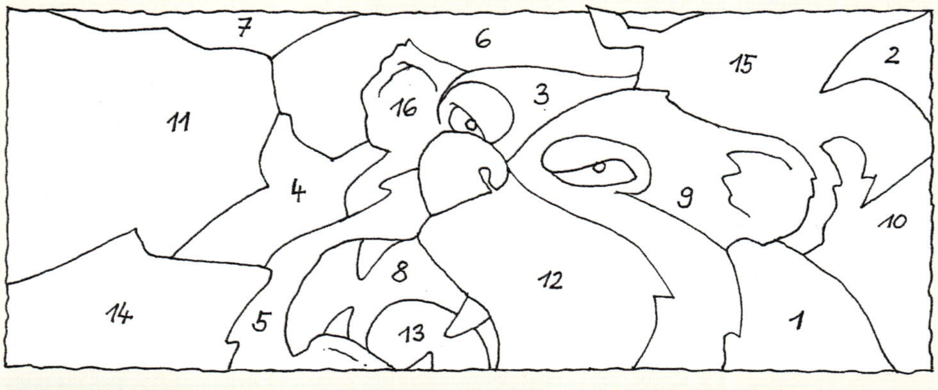

Über Textsorten

1 *Das Tagebuch wird von seinem Autor oder seiner Autorin als eine Art Monolog (Selbstgespräch) geschrieben. Es handelt sich dabei um aufgeschriebene Lebenserfahrungen oder Erlebnisse.*

2 *Das Märchen ist eine unterhaltende und belehrende Erzählung, die weder zeitlich noch räumlich festgelegt ist. Es kommen fantastische, höchst unrealistische Gestalten und Begebenheiten vor.*

3 Die Fabel ist eine sehr kurze belehrende Geschichte, in der Tiere menschliche Eigenschaften und Verhaltensweisen verkörpern.

4 Den Klappentext findet man auf der vorderen oder hinteren Schutzumschlagsklappe eines Buches. Es ist ein Werbetext für das Buch, der Informationen über Inhalt und Verfasser oder Verfasserin gibt.

5 **Die Sage ist eine kurze Erzählung unwahrer, fantastischer Ereignisse, die aber als Wahrheitsbericht gemeint ist oder zum Teil auf einem wahren Hintergrund beruht.**

3 Ordne die Grafiken den Textsorten oben zu!

4 Ordne die Textausschnitte den Textsorten zu! Gib die entsprechende Nummer am Textanfang an!

☐ An einem kalten Wintertag begegnete eine hungrige Grille einer Ameise. Die Ameise war dick und schleppte etliche Körner mit sich, die sie an der Wintersonne trocknen lassen wollte. Da bettelte die Grille: „Liebste Freundin, würdest du mir bitte etwas zu essen geben? Ich habe solchen Hunger und finde schon seit Tagen nichts mehr!"…

☐ Es lebte einmal ein geiziger Mann. Als es zum Sterben kam, sah man in den letzten drei Nächten vor seinem Tod einen kohlschwarzen Hund, der aus dem Maule Feuer spie, sein Haus umkreisen. Als der Mann den letzten Atemzug getan hatte, war der Hund verschwunden. Der Leichnam aber wurde von Stund an kohlrabenschwarz. Darum behauptet das Volk, dieser Hund sei der Teufel selbst gewesen und habe den geizigen Mann geholt.

☐ Im goldenen Königreich ist alles golden, die Bäume, die Häuser und auch die Prinzessin. Weil sie gerade das richtige Alter hatte, sollte sie heiraten. Aber natürlich musste es ein Mann aus Gold sein oder doch wenigstens so gut wie aus Gold. …

☐ Ronja Räubertochter ist eine empfindsame und kraftvoll erzählte Geschichte aus der Räuberzeit, wild, romantisch und voller Humor. Ein Buch, das von dem größten Abenteuer handelt, dem Leben selbst, und von der Kunst, sich nicht vor dem Leben zu fürchten.

Zum Aufwärmen

1 Schau dir die beiden Muster an! Welches der unteren Bilder entsteht, wenn du die beiden Muster oben übereinanderlegst?

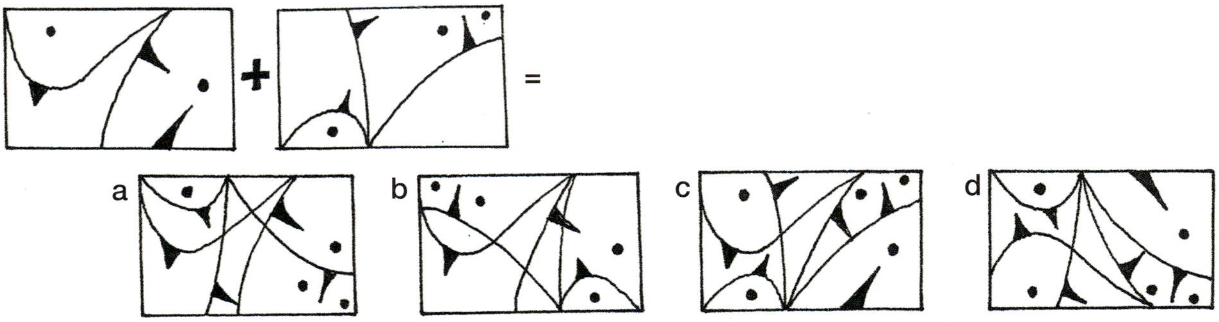

Zum Üben

Informiere dich mittels Smartphone oder PC über ähnlich klingende Wörter!

Key: 167

2 Schreibe die Wortgruppen ab und ergänze die fehlenden Buchstaben!

Ähnliche Selbstlaute: e – ä

die Mathematikaufgabe r*chnen ______________________________

eine gebrochene Z*he ______________________________

den Hund b*ndigen ______________________________

sich von jemandem abw*nden ______________________________

die Staatsgr*nze überschreiten ______________________________

sich gegen Ungerechtigkeit w*hren ______________________________

eine br*nzlige Situation ______________________________

sich für die Unger*chtigkeit r*chen ______________________________

w*hrend der Nacht ______________________________

sich unerlaubt vordr*ngen ______________________________

sich zur Prüfung m*lden ______________________________

sich st*ndig verbessern ______________________________

ein R*tsel lösen ______________________________

sich eine R*gel einpr*gen ______________________________

3 Kennst du diese Wörter mit ai? Ergänze die fehlenden Wörter oder Wortteile! Einige Zeichnungen helfen dir dabei!

der Brot__________

die Geigen__________

ein __________kind

ein Frosch__________

den __________ essen

das Schloss des __________ besuchen

der Hammer__________

im __________ Geburtstag haben

4 Schreibe die Wortgruppen ab und ergänze die fehlenden Buchstaben!

Ähnliche Selbstlaute: eu – äu

vers*chtes Wasser ______________________

die Kuh ist ein Wiederk*er ______________________

ein ehrlicher Z*ge ______________________

str*nende Hunde ______________________

die Tat l*gnen ______________________

eine schmerzende B*le ______________________

*ßerst ruhig wirken ______________________

eine Entt*schung erleben ______________________

ein sch*ßlicher Geschmack ______________________

die Glocke l*ten ______________________

eine ger*mige Wohnung ______________________

ein Kn*el Wolle ______________________

ein h*lender Wolf ______________________

ein Abent*er bestehen ______________________

5 Ergänze Wörter mit ei! Der Wortkasten hilft dir!

schon sehr in Eile ______________ sein

zur ______________ kommen

im ______________ Wasser baden

die ______________ umblättern

die ______________ begraben

einen ______________ Menschen um Rat fragen

die Pflanzen ______________ gut

ein ______________ im Garten sehen

einen ______________ abbrechen

sehr ______________ leben

vor Schreck ______________

~~Eile~~ • weisen • Zweig • seichten • Veilchen • Leiche • Schulfeier • Heftseite • gedeihen • bescheiden • schweigen

6 Ordne die Wörter in die Tabelle ein!

~~Ni?e~~ • A?e • allerdin? • lin? • Bezir?amt • Eide?e • hoffnun?los • kna?en * Ke? • Le?ikon • mitta? • mu?en • Pra?is • rin?um • schnurstra? • Te?t • tri?en • wa?en • we?eln • Wer?gelände

x	gs	ks	cks	chs
Nixe				

Zum Abschluss

7 Welche Dinge gibt es nicht? Streiche sie durch!

Weile, Seile, Meilenstein, Teiler, Keilwirt, Eingeweice, Krankheit, Zeichnung, Feile, Fleiß, Teilnehmerin, Flüssigkeit, Freizeit, Führerschein, Weinstein, Fleißburg

Training, Kai, Kaiser, Mais, Gitarrensaite, Kailer, Brotlaib, Detail, Froschlaich, Traiathlon, Haifisch, Waisenhaus, Maibaum, Mailand, Laie, Taille, Bordküste

Zum Aufwärmen

1 Schau genau: Vergleiche die beiden Wortlisten! In der unteren Liste wurden vier Wörter verändert und vier Wörter fehlen dort. Bessere die veränderten Wörter aus und schreibe die fehlenden Wörter auf die Leerzeilen!

Totenkopf	Irrlicht	Totenlicht	Quälgeist
Schatten	Skelett	Spuk	Fledermaus
Angsthase	Särge	Vampir	Werwolf
Ekel	Gänsehaut	Gespenst	Geist
Horror	Gruselfilm	Friedhof	Spinnweben
Nebel	Labyrinth	Mumie	Zombie

Vampir	Quälgeist	Geist	Irrlicht
Schatten	Gespenster	Fledermus	Gruselfilme
Särge	Totenkopf	Spuk	Gänsehaut
Werwolf	Totenlicht	Angsthase	Friedhof
Spinnweben	Zombie	Mumie	Nabel

______________ ______________ ______________ ______________

Zum Üben

2 Ergänze die Mindmap mit deinen Ideen für eine Weiterführung der Geschichte!

Fortsetzung gesucht!
Eines Tages betrat eine unbekannte Frau unser Klassenzimmer. Sie stellte sich als Gespensterjägerin vor und erklärte uns, dass es …

LÖSUNGEN

2

2. Klasse NMS/AHS

VERITAS

Gemeinsam besser lernen

Zum Aufwärmen

1 Was gehört hier bloß zusammen? Verbinde einen Begriff der ersten Zeile mit dem passenden aus der zweiten und dritten Zeile! Die Formen helfen dir bei der Suche!

Nomen – Hauptwort – Haus, Hunger

Verb – Zeitwort – laufen, hoffen

Artikel – Geschlechtswort – das, ein

Pronomen – Fürwort – er, mein

Konjunktion – Bindewort – weil, dass

Adjektiv – Eigenschaftswort – groß, lieb

Zum Üben

2 Was für ein Chaos, hier gehört aufgeräumt! Gib die Wörter in den richtigen Sack!
(**Tipp:** Streiche die verwendeten Wörter durch!)

emsig aufräumen dass einen Putztruppe
Ordnung sauber Zufriedenheit der lernen
ungepflegt entrümpeln die aber weil

Informiere dich mittels Smartphone oder PC über die zehn Wortarten der deutschen Sprache!

Key: 892

3 Wortwiederholungen können vermieden werden, Pronomen (Fürwörter) helfen dir dabei! Ersetze die Wörter in Klammer durch ein passendes Pronomen!

Jedes Jahr steht in unserer Familie der Frühjahrsputz an. Doch bevor sie (unsere Familie) richtig starten kann, müssen zuerst einmal alle Putzgeräte gesucht werden. Wo ist nur der Besen geblieben? Steht er (der Besen) hinter der Tür? Die Putzeimer sind auch verschwunden. Sind sie (die Putzeimer) nicht für eine Wasserschlacht im letzten Sommer verwendet worden? Und das Spülmittel, wurde es (das Spülmittel) nicht als Seifenblasenwasser verwendet? Bis alle Putzmaterialien gefunden sind, ist es auch schon beinahe Herbst geworden. Wozu jetzt noch sauber machen, der nächste Frühjahrsputz steht ohnehin bald an …

4 Bei diesen Numeralia (Zahlwörtern) fehlt die „Hälfte". Kannst du sie dennoch entziffern und richtig auf die Zeilen schreiben?

der [illegible] Geburtstag	zwölfte	[illegible] Hefte	sämtliche
ein [illegible] Brot	halbes	[illegible] Fragen	viele
[illegible] Schüler	mehrere	[illegible] Mäuse	D/dutzende
eine [illegible] Euro	Million	der [illegible] im Ziel	Zweite

5 Oh je, hier sind die Präpositionen (Vorwörter) einfach verschwunden! Schaffst du es, den Text wieder zu vervollständigen?

Eine Mutter im Kampf gegen die Unordnung: „Auf deinem Schreibtisch sieht es ja furchtbar aus, ich könnte hier keine fünf Minuten arbeiten! Die Bücher liegen nicht auf einem Stapel, sondern überall verstreut. Die Stifte sind auf dem Boden verstreut, anstatt in der Federschachtel zu sein. Unter dem Bett liegen die Comic-Hefte. Seit Monaten hängen an den Wänden zerrissene Poster. Nur an deinem Bücherregal gibt es nichts auszusetzen. Bei deinem Bruder ist das ganze Zimmer in vorbildhaftem Zustand!" „Ich weiß", entgegnet die Tochter ihrer Mutter, „für mich ist das selbstverständlich. Wo ich bin, herrscht Chaos, leider kann ich nicht überall gleichzeitig sein!"

6 Die Meisterprüfung steht an! Bestimme alle Wörter in den folgenden Sätzen nach ihrer Wortart!

N = Nomen	**V** = Verb	**K** = Konjunktion	**Pron** = Pronomen
Adj = Adjektiv	**Art** = Artikel	**Präp** = Präposition	**Num** = Numerale

Art	Adj	N	V	Adj	Adj	N	Präp	Art	N
Die	freundliche	Nachbarin	holt	schnell	frische	Eier	für	den	Kuchen.

Präp	Art	Adj	N	V	Num	Adj	N
Auf	dem	hölzernen	Tisch	stehen	zwei	altmodische	Kerzenständer.

K	Art	N	V	V	Pron	Art	Adj	N	V
Da	der	Mann	raste,	musste	er	eine	hohe	Strafe	zahlen.

Präp	Art	N	V	Art	N	V	K	V	Pron	Präp	Art	N
Nach	dem	Gewitter	kommt	die	Sonne	hervor	und	blendet	mich	in	den	Augen.

Zum Abschluss

7 Denksport für schlaue Köpfe: Jedes Kind hat eine Lieblingswortart (Nomen, Verb, Adjektiv) und einen Wortartenexperten, den es um Rat fragen kann (Frau Klug, Herrn Schlau, Nachbarn Fuchs).

1. Peter mag das Nomen nicht. Er und Stefanie fragen nicht Nachbar Fuchs um Rat.
2. Max' Lieblingswortart ist das Adjektiv. Stefanie kennt Herrn Schlau überhaupt nicht.

Name	Lieblingswortart	Wortartenexperte
Max	Adjektiv	Nachbar Fuchs
Stefanie	Nomen	Frau Klug
Peter	Verb	Herr Schlau

Zum Aufwärmen

1 Hier haben sich sechs Begriffe versteckt, die für das Schreiben einer Erlebniserzählung wichtig sind. Markiere sie mit einem bunten Stift!

H	Q	E	I	N	L	E	I	T	U	N	G	B	S	K
A	W	P	R	Z	C	N	J	T	D	B	W	Z	C	F
U	D	H	O	E	H	E	P	U	N	K	T	A	H	A
P	O	Z	V	G	A	H	E	O	V	W	L	T	L	H
T	I	F	A	C	A	O	A	E	X	Q	R	F	U	E
T	P	O	T	X	I	M	R	U	Y	T	Z	S	S	D
E	L	S	T	I	M	M	U	N	G	E	N	G	S	J
I	C	X	D	P	A	G	S	K	P	W	H	V	R	B
L	S	P	A	N	N	U	N	G	S	K	U	R	V	E

Zum Üben

2 Bei einem Erzählanfang sollen die Fragen „Wer?, Was geschieht?, Wo?, Wann?" beantwortet werden. Kannst du aus den vorgegebenen Wörtern drei lustige Sätze bilden?

WANN?	WER?	WO?	WAS GESCHIEHT?
vormittags	Landstreicher	Mond	düsen
1935	~~die Katze~~	~~Urwald~~	lauern
~~spätabends~~	Pilot	Weizenfeld	~~zaubern~~
niemals	Märchenfee	Hütte	schnarchen

1. *Spätabends zaubert die Katze im Urwald.*
2. Bsp.: 1935 schnarcht die Märchenfee in der Hütte.
3. Bsp.: Vormittags lauert der Pilot im Weizenfeld.
4. Bsp.: Niemals düst der Landstreicher auf den Mond.

3 Stimmungsvolles Schreiben will geübt sein! Kannst du die Stimmungen der jeweils richtigen Spalte zuordnen?

tobende Menge • angsterfüllter Schrei • tiefschwarz • hoch konzentriert • grelle Blitze • schauerliches Gelächter • glühende Köpfe • wolkenverhangen • Donnergrollen • zittrige Stimme • verbissen kämpfen • gruselig

Horrorfilm	Wettlauf	Gewitter
angsterfüllter Schrei	tobende Menge	tiefschwarz
schauerliches Gelächter	hoch konzentriert	grelle Blitze
zittrige Stimme	glühende Köpfe	wolkenverhangen
gruselig	verbissen kämpfen	Donnergrollen

4 Bildhafte Beschreibungen schaffen in Erlebniserzählungen die notwendige Stimmung. Kannst du den Nomen ein passendes Adjektiv voranstellen? Die Zeichnung und der Wortkasten helfen dir dabei.

haushoher Baum
schwarze Katze
großes Feuerwehrauto
ausgefahrene Leiter
eingeschaltenes Blaulicht
mutiger Feuerwehrmann
gaffende Menschen

eingeschaltetes • schwarze • gaffende • mutiger • großes • haushoher • ausgefahrene

5 Oh je! Bei diesem Brief sind die Buchstaben einzelner Wörter durcheinandergeraten. Kannst du die Wörter richtigstellen?

In dieser mondhellen Nacht (Nahct) hatte ich einen seltsamen Traum: Im Keller sollte ich Erdäpfel holen, doch als ich die letzte Kellerstufe erreichte, fielen abertausende (aterbausnede) widerliche Mäuse über mich her. Sie drückten (dücrketn) mich an die Wand und fesselten mich mit alten Springseilen. Ich schrie so laut ich konnte, mein Herz raste, Gänsehaut (Gnsäehuat) kroch mir langsam den Rücken (Rckeün) empor und ich traute (tautre) kaum meinen Augen. Aus dem Nichts erschien eine riesige, dicke, alte Maus, die sich als Sofia, die Anführerin (Anfhüreirn) der Mäuse zu erkennen gab.
Kann man sich das vorstellen? Diese Maus konnte reden! Sie hatte lackierte (laieckrte) Nägel, trug einen kitschigen, rosaroten Bademantel (Bedamanetl) und eine pinke Badehaube. Die Lippen (Lepipn) waren rot angemalt und um den Hals trug sie eine viel zu lange Kette (Kteet) mit Glitzersteinen. Ihre Füße steckten in lilafarbenen Pantoffeln (Pnaoffteln). Ich war kurz davor, den Verstand zu verlieren und loszulachen. Doch dann …

6 Wie könnte dieser Traum wohl zu Ende gehen? Erfinde einen kurzen, aber lustigen Schlussteil!

Bsp.: … tauchte eine fette, grausliche Ratte auf. Sofia stellte sie mir als ihren Lebensgefährten vor. Wie konnte eine so modische Maus eine dermaßen ungepflegte Ratte lieben? Konnte mir ja egal sein, aber nun begann die Ratte an meiner großen Zehe zu knabbern, igitt! Ich schrie laut auf … Schweißgebadet erwachte ich aus meinem Traum.

Zum Abschluss

7 Hier findest du neun mögliche Überschriften für diesen Text. Welche drei gefallen dir am besten? Schreibe sie fehlerfrei auf die Zeilen!

Der Schr e ck meines L e bens
E nde gut, Mäuse g u t
Sofia, die schr ä ge Maus

Die ver r ückte Maus
D i e Mäu s erevolte
Das g l aubt mir kei n er!

Alles nur g eträumt?
Keine A ngst vor Mäusen!
Und sie s p rechen d o ch!

Flug nach London

1 Trage die Landeshauptstädte, von denen aus nach London geflogen werden kann, richtig in die Tabelle ein!

GRZ = Graz, VIE = Wien, LNZ = Linz, KLU = Klagenfurt, INN = Innsbruck, SZG = Salzburg, LHR = London Heathrow, LCY = London City Airport

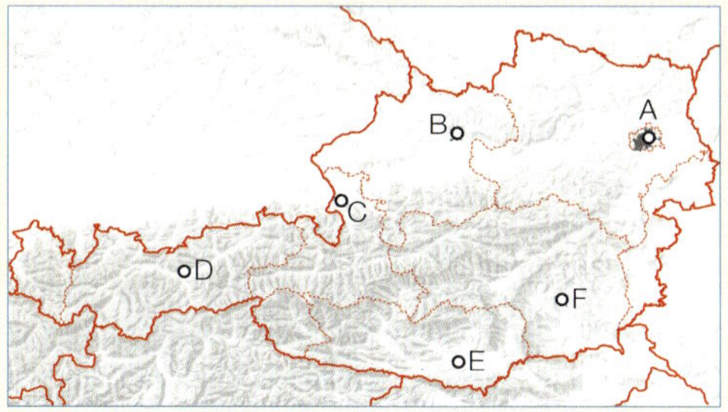

A: Wien
B: Linz
C: Salzburg
D: Innsbruck
E: Klagenfurt
F: Graz

1. Jul.	05:50 – 14:50	**LNZ** – VIE VIE – **LHR**	OS 958 OS 461	○ 389,47 €
1. Jul.	07:05 – 08:40	**VIE – LHR**	OS 451	○ 320,13 €
1. Jul.	06:00 – 08:40	**SZG** – VIE VIE – **LHR**	OS 926 OS 451	○ 388,89 €
1. Jul.	06:35 – 09:40	**INN** – VIE VIE – **LCY**	OS 914 OS 467	○ 389,54 €
1. Jul.	06:00 – 08:40	**KLU** – VIE VIE – **LHR**	OS 944 OS 451	○ 388,90 €
1. Jul.	06:00 – 08:40	**GRZ** – VIE VIE – **LHR**	OS 964 OS 451	○ 388,33 €

2 Beantworte die folgenden Fragen mithilfe der Flugplanübersicht!

Wie lange ist die kürzeste Reisezeit?[1] 02:35 von Wien

Welche ist die längste Reisezeit?[1] 10:00 von Linz

Welcher Flug geht als einziger direkt nach London? Der Flug von Wien nach London.

Welcher ist der billigste Flug? Der Flug von Wien nach London.

Welcher ist der teuerste? Der Flug von Innsbruck nach London.

[1] Beachte, dass die Ankunftszeit die Londoner Ortszeit ist (z. B. Österreich 8 Uhr = Großbritannien 7 Uhr)!

Auf dem Flugplatz

3 Kannst du gut überlegen?

- Ordne den Luftfahrzeugen diese Namen zu: Flugzeug der Brüder Wright, Doppeldecker, Junkers 52, Zeppelin, Boeing DC-8, Boeing 747, Concorde, Space Shuttle
- Ordne den Flugzeugen (außer dem der Brüder Wright) ihr Baujahr zu! Schreibe es zu den Flugzeugnamen! 1910, 1920, 1935, 1950, 1970, 1980, 1990
- Welche abgebildeten Transportmittel werden nicht als Flugzeug bezeichnet? Der Zeppelin wird als Luftschiff bezeichnet, das Space Shuttle als Raumfähre.
- Welches abgebildete Transportmittel kann die geringste Anzahl an Passagieren mitnehmen, welches die höchste? geringste Passagieranzahl: Doppeldecker; höchste Passagieranzahl: Boeing 747
- Welches Transportmittel wird am Rücken von Raketen vom Boden gestartet? Space Shuttle
- Welches Transportmittel hatte auch Kabinen mit Betten, Restaurants und Duschen an Bord?
  ☐ Boeing DC-8 ☐ Junkers 52 ☒ Zeppelin ☐ Concorde

4 Kannst du gut raten?

- Wann flog das erste Flugzeug der Welt, jenes der Brüder Wright?
  ☐ 1847 ☐ 1898 ☒ 1903 ☐ 1907
- Wie lang dauerte der längste Flug eines dieser Transportmittel?
  ☐ 26 Stunden ☐ 3 Tage und 11 Stunden ☐ 4 Tage und 3 Stunden ☒ 17 Tage und 15 Stunden
- Wie schnell fliegen die Trägerraketen des Space Shuttles?
  ☐ 2 000 km/h ☐ 12 000 km/h ☒ 27 000 km/h ☐ 147 000 km/h
- Wie schnell flog die Concorde?
  ☐ 987 km/h ☐ 1 123 km/h ☐ 1 537 km/h ☒ 2 405 km/h

Zum Aufwärmen

1 Weißt du noch, welche vier Umstandsergänzungen es gibt? Notiere auch je zwei passende Fragewörter darunter?

Ortsergänzung	Artergänzung	Zeitergänzung	Begründungsergänzung
Wo? Wohin?	Wie?	Wann? Seit wann?	Warum? Weshalb?
Woher? Wie weit?	In welcher Art?	Wie lange? Wie oft?	Wieso?

Zum Üben

2 Jeder Satz besteht aus einem Subjekt und Prädikat. Trage die unten angeführten Subjekte und Prädikate richtig ein. Unterstreiche anschließend das Subjekt blau und das Prädikat rot.

die Mäuselein • knurrt • die Hühner • bereit • die Katze • kauert • ein Such- und Versteckspiel • gurrt • das Mägelein • aufleben • die Taube • begeben

Wenn nachts die Eule auf Beute lauert und die Katze auf dem Boden kauert, das Mägelein dem Fuchs auch schon knurrt und die Taube auf'm hohen Dache gurrt, die Hühner sich zur Ruhe begeben und die Mäuselein langsam aufleben, beginnt aufs Neue in der Dunkelheit, ein Such- und Versteckspiel – drum sei bereit.

3 Schwierig, aber machbar! Bestimme die unterstrichenen Wörter und verwende wenn möglich die lateinischen Begriffe! Der Infokasten wird dir dabei helfen.

	Fragewort	Fall	Geschlecht
Das Brot der Bäckerin schmeckt wunderbar.	Wessen?	2. Fall (Genitiv)	weiblich (feminin)
Dem Fuchs gefallen die Hühner.	Wem?	3. Fall (Dativ)	männlich (maskulin)
Das Haus ist schon sehr alt.	Was?	1. Fall (Nominativ)	sächlich (neutrum)
Den Letzten beißen die Hunde.	Wen?	4. Fall (Akkusativ)	männlich (maskulin)

MERKE!

1. Fall (Nominativ) – Wer? Was?
2. Fall (Genitiv) – Wessen?
3. Fall (Dativ) – Wem?
4. Fall (Akkusativ) – Wen? Was?

männlich (maskulin) – **m**
weiblich (feminin) – **f**
sächlich (neutrum) – **n**

4 Da hat sich wohl jemand bei den Attributen (Beifügungen) geirrt! Ordne jedem Tier das richtige Attribut zu!

die stachelige Elster → diebische
die miauende Maus → graue
der langsame Schwan → weiße
der schlaue Fisch → stumme
der weiße Igel → stachelige
der graue Fuchs → schlaue
die stumme Katze → miauende
die diebische Schnecke → langsame

5 Kennzeichne im folgenden Text die Satzglieder, indem du sie durch Striche abtrennst.

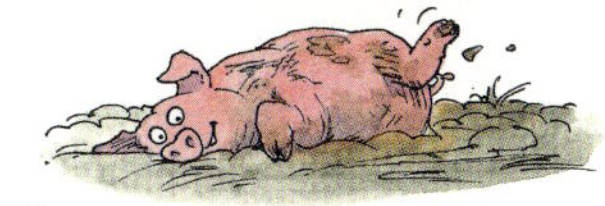

Auf einem Bauernhof | findet | man | viele | verschiedene Tiere.
Die Hennen | gackern | auf dem Mist, | die Schweine | suhlen sich | im Schlamm.
Wegen des schlechten Wetters | konnte | das Getreide | unglücklicherweise | nicht gedroschen werden.
In der Früh und am Abend | werden | die Kühe | im Stall | gemolken.

6 Jetzt geht's zum Schwierigsten! Arbeite sorgfältig und bestimme die Satzglieder in den folgenden Sätzen! (**Tipp:** Trenne die Satzglieder zuerst durch Striche voneinander ab!)

Informiere dich mittels Smartphone oder PC über die einzelnen Satzglieder!

Key: 549

ZE P S O4 OE
Morgen | besucht | der Igel | den Hasen | in seinem Bau.

S P AE O4
Der Fuchs | frisst | gerne | Gänse.

S P O4 OE
Der Bauer | melkt | die Kuh | im Stall.

S P O2
Der Knecht | rühmt sich | seiner Melkkünste.

S P ZE O3 O4 P
Der Hahn | pickte | gestern | den Hühnern | alle Körner | weg.

BE P S O4
Wegen seiner Wunde | jagt | der kleine Hund | keine Hühner.

S = Subjekt
P = Prädikat

O2 = Ergänzung im 2. Fall
O3 = Ergänzung im 3. Fall
O4 = Ergänzung im 4. Fall

ZE = Zeitergänzung
OE = Ortsergänzung
AE = Artergänzung
BE = Begründungsergänzung

Im letzten Satz hat sich ein Attribut (Beifügung) versteckt. Kannst du es finden? kleine

Zum Abschluss

7 Eine knifflige Mission wartet auf dich! Kannst du herausfinden, was hier gesucht wird?

a) Obwohl kein Satz ohne mich auskommt, stehe ich fast immer „erst" an zweiter Stelle. Nur wenn du eine Frage stellst, kann es sein, dass ich ganz vorne zu finden bin!

Prädikat

c) Ich helfe dir herauszufinden, in welchem Fall die Wörter stehen – manchmal mit „wen oder was?", ein anderes Mal wieder mit „wem?".

Fragewort

b) Ich gebe den Nomen den nötigen Pep! Wenn ich nicht wäre, so hieße es nicht: „der schlaue Fuchs", sondern nur „der Fuchs".

Attribut

d) Ich, meine Damen und Herren, bin eindeutig die Nummer Eins und zwar in jedem Satz. Ich bin der Chef und sage, wer oder was gemeint ist!

Subjekt

Zum Aufwärmen

1 **So kann man dieses Sudoku-Rätsel lösen:**

Bei diesem Spiel trainierst du deine grauen Gehirnzellen. Das Spiel besteht aus einem Gitterfeld mit Blöcken, die jeweils in 3 mal 2 Felder unterteilt sind. Du sollst die bereits vorgegebenen Ziffern ergänzen. In jedem Block darfst du die Ziffern 1–6 nur einmal eintragen, ebenso in jeder Zeile und jeder Spalte. Als Anfängerin/Anfänger bist du gut, wenn du das Rätsel unter 3 Minuten schaffst, als Geübte/Geübter, wenn du nicht mehr als 2 Minuten brauchst.

5	1	6	4	3	2
3	4	2	5	6	1
2	5	1	3	4	6
6	3	4	1	2	5
1	2	3	6	5	4
4	6	5	2	1	3

Zum Üben

2 Übertrage die Spielanleitung in die Du-Form in dein Heft!

So kannst du dieses Sudoku-Rätsel lösen: Lösung siehe oben

3 Lies die folgende Spielanleitung und führe das Spiel durch!

Streng dich an!
Für dieses Spiel werden neun Münzen gebraucht. Sie werden nach Belieben auf dem Spielfeld verteilt. Mit einer Münze kann über eine andere gesprungen werden, wenn dahinter ein freies Feld liegt. Es darf waagerecht, senkrecht oder diagonal gehüpft werden. Jede Münze, die übersprungen wird, wird aus dem Spiel genommen. Es soll so gesprungen und Münzen sollen so weggenommen werden, dass zum Schluss nur eine Münze übrig bleibt.

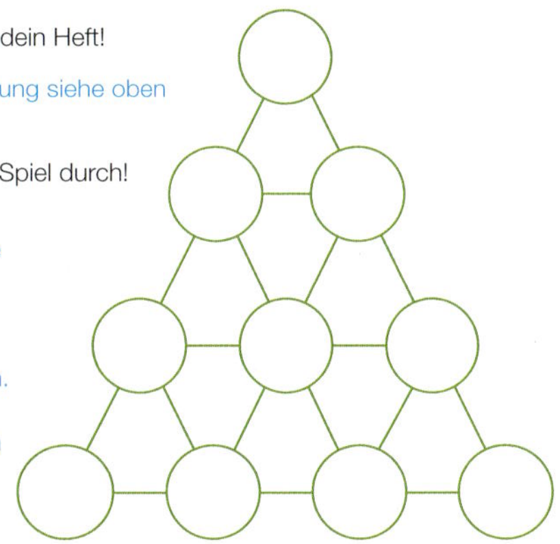

4 Übertrage die Spielanleitung in die Passiv-Form in dein Heft!

Für dieses Spiel werden neun Münzen gebraucht. Lösung siehe oben

5 Kannst du eines meiner Lieblingsbücher auf diese Weise erraten? Trage den Buchtitel hier ein!

1. Handelt das Buch vor allem von Tieren?	Nein.
2. Spielt die Geschichte in Europa?	Ja.
3. Handelt es sich um ein Sagenbuch?	Nein.
4. Ist es eine wahre Geschichte?	Nein.
5. Steht ein Mädchen im Mittelpunkt?	Ja.
6. Handelt es von einem Unglücksfall?	Nein.
7. Kommen auch andere Kinder vor?	Ja.
8. Spielt die Geschichte in Schweden?	Ja.
9. Kommen ein Pferd und ein Affe auch vor?	Ja.

Pippi Langstrumpf

6 Schreibe ein ähnliches Rätsel über dein Lieblingsbuch in dein Heft! individuelle Lösung

7 Wer wohnt wo? Kannst du das anhand der Informationen herausfinden?

Haus 24
Fam. Tomaschek wohnt zwei Etagen über Herrn Baumann. Fam. Donner wohnt gleich unter Frau Koller. Sabine Weiß wohnt im obersten Stockwerk. Herr Baumann und Fam. Donner wohnen auf derselben Etage. Herr Peter wohnt links von Frau Koller. Frau Koller wohnt eine Etage über Herrn Baumann, aber nicht direkt über ihm.

Zum Abschluss

8 Verkehrt und doch richtig. Kannst du die fehlenden Wörter richtig ergänzen?

In der Autowerkstätte

Gestern brachte ich meinen *Wagen* in die Werkstätte.

Der Mechaniker öffnete die Kühlerhaube und prüfte den Motor.

An einem Zylinder war eine Schraube locker.

Dann wechselte er die vier Zündkerzen aus.

Beim Abblendlicht war eine Glühbirne defekt und das Glas hatte einen Sprung.

Einer der Reifen hatte einen Platten.

Das Türschloss auf der rechten Seite war eingerostet und ließ sich nicht öffnen.

Auch eine Feder im Stoßdämpfer musste ausgetauscht werden.

Tiere in Geschichten

Tiergeräusche
Die Fliege fliegt? Genau!
Der Bär bärt? Nein, er brummt!
Die Spinne spinnt? Ja, aber …!
Der Hamster hamstert? Natürlich!
Der Fisch fischt? Nein, er schwimmt!
Die Biene bient? Keinesfalls!
Die Ente entet? Tsss?
Der Hund ... Die Zirpe ... Der Löwe ... Der Jaguar ...

1 Also einfach ist das nicht mit den Tieren! Kannst du die Geräusche von zehn Tieren aufschreiben?

Der Bär brummt.
Bsp.: Die Fliege surrt. Der Fisch blubbt. Der Hamster quiekt. Die Biene summt. Die Ente quakt.
Der Hund bellt. Die Zirpe zirpt. Der Löwe brüllt. Die Gans schnattert. Der Elefant trompetet.

Drei Stiere und der Löwe
Eines Tages schlossen drei Stiere miteinander ein Abkommen, um die Gefahren auf der Weide mit vereinten Kräften besser abwehren zu können. Auf diese Weise konnte ihnen sogar der Löwe nichts anhaben. Der ärgerte sich sehr und wurde immer hungriger. Da stiftete er Uneinigkeit unter den Stieren, indem er jedem erzählte, dass die anderen beiden schlecht hinter seinem Rücken über ihn redeten. Das wirkte. Sie trennten sich, und schon nach acht Tagen hatte der Löwe jeden einzeln angegriffen und verzehrt.

2 Bewerte die Aussagen! Kreise die richtige Antwort ein und bemale die richtigen Felder in der Grafik!

J Stimmt, bzw. ja, das ist die Lehre der Fabel.
N Stimmt nicht, bzw. nein, das ist nicht die Lehre der Fabel.

Wenn sich Schwächere zusammenschließen, sind sie vor Stärkeren geschützt.	J = 1	N = 2
Mit Klugheit und List kommt man oft weiter als mit Stärke.	J = 3	N = 4
Man sollte seinen Feinden nicht mehr Glauben schenken als seinen Freunden.	J = 5	N = 6
Der Löwe sagte die Wahrheit.	J = 7	N = 8
Dem Löwen gegenüber sollten die Stiere misstrauisch sein.	J = 9	N = 10
Übermut tut selten gut.	J = 11	N = 12
Wahre Freunde sollten einander nicht misstrauen.	J = 13	N = 14
Der Apfel fällt nicht weit vom Stamm.	J = 15	N = 16

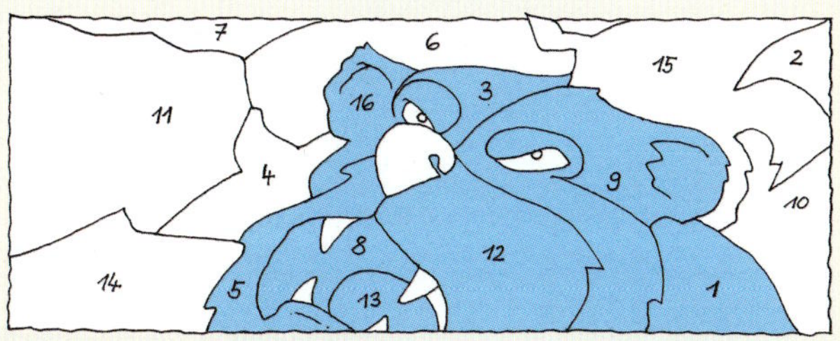

Über Textsorten

1 *Das Tagebuch wird von seinem Autor oder seiner Autorin als eine Art Monolog (Selbstgespräch) geschrieben. Es handelt sich dabei um aufgeschriebene Lebenserfahrungen oder Erlebnisse.*

2 *Das Märchen ist eine unterhaltende und belehrende Erzählung, die weder zeitlich noch räumlich festgelegt ist. Es kommen fantastische, höchst unrealistische Gestalten und Begebenheiten vor.*

3 Die Fabel ist eine sehr kurze belehrende Geschichte, in der Tiere menschliche Eigenschaften und Verhaltensweisen verkörpern.

4 Den Klappentext findet man auf der vorderen oder hinteren Schutzumschlagsklappe eines Buches. Es ist ein Werbetext für das Buch, der Informationen über Inhalt und Verfasser oder Verfasserin gibt.

5 **Die Sage ist eine kurze Erzählung unwahrer, fantastischer Ereignisse, die aber als Wahrheitsbericht gemeint ist oder zum Teil auf einem wahren Hintergrund beruht.**

3 Ordne die Grafiken den Textsorten oben zu!

4 Ordne die Textausschnitte den Textsorten zu! Gib die entsprechende Nummer am Textanfang an!

3 An einem kalten Wintertag begegnete eine hungrige Grille einer Ameise. Die Ameise war dick und schleppte etliche Körner mit sich, die sie an der Wintersonne trocknen lassen wollte. Da bettelte die Grille: „Liebste Freundin, würdest du mir bitte etwas zu essen geben? Ich habe solchen Hunger und finde schon seit Tagen nichts mehr!“…

5 Es lebte einmal ein geiziger Mann. Als es zum Sterben kam, sah man in den letzten drei Nächten vor seinem Tod einen kohlschwarzen Hund, der aus dem Maule Feuer spie, sein Haus umkreisen. Als der Mann den letzten Atemzug getan hatte, war der Hund verschwunden. Der Leichnam aber wurde von Stund an kohlrabenschwarz. Darum behauptet das Volk, dieser Hund sei der Teufel selbst gewesen und habe den geizigen Mann geholt.

2 Im goldenen Königreich ist alles golden, die Bäume, die Häuser und auch die Prinzessin. Weil sie gerade das richtige Alter hatte, sollte sie heiraten. Aber natürlich musste es ein Mann aus Gold sein oder doch wenigstens so gut wie aus Gold. …

4 Ronja Räubertochter ist eine empfindsame und kraftvoll erzählte Geschichte aus der Räuberzeit, wild, romantisch und voller Humor. Ein Buch, das von dem größten Abenteuer handelt, dem Leben selbst, und von der Kunst, sich nicht vor dem Leben zu fürchten.

Zum Aufwärmen

1 Schau dir die beiden Muster an! Welches der unteren Bilder entsteht, wenn du die beiden Muster oben übereinanderlegst?

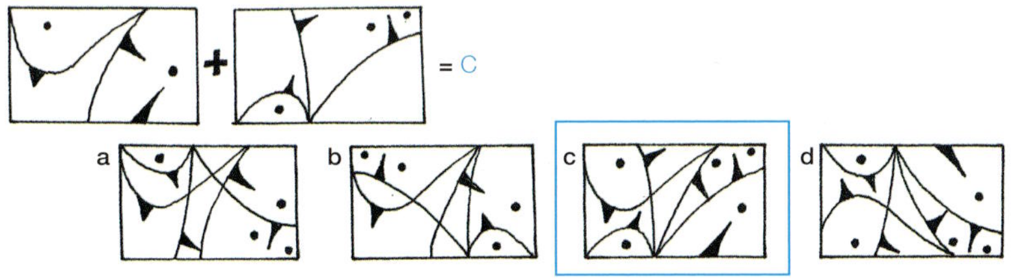

Zum Üben

Informiere dich mittels Smartphone oder PC über ähnlich klingende Wörter!

Key: 167

2 Schreibe die Wortgruppen ab und ergänze die fehlenden Buchstaben!

Ähnliche Selbstlaute: e – ä

die Mathematikaufgabe r*chnen die Mathematikaufgabe rechnen
eine gebrochene Z*he eine gebrochene Zehe
den Hund b*ndigen den Hund bändigen
sich von jemandem abw*nden sich von jemandem abwenden
die Staatsgr*nze überschreiten die Staatsgrenze überschreiten
sich gegen Ungerechtigkeit w*hren sich gegen Ungerechtigkeit wehren
eine br*nzlige Situation eine brenzlige Situation
sich für die Unger*chtigkeit r*chen sich für die Ungerechtigkeit rächen
w*hrend der Nacht während der Nacht
sich unerlaubt vordr*ngen sich unerlaubt vordrängen
sich zur Prüfung m*lden sich zur Prüfung melden
sich st*ndig verbessern sich ständig verbessern
ein R*tsel lösen ein Rätsel lösen
sich eine R*gel einpr*gen sich eine Regel einprägen

3 Kennst du diese Wörter mit ai? Ergänze die fehlenden Wörter oder Wortteile! Einige Zeichnungen helfen dir dabei!

der Brotlaib
die Geigensaite
ein Waisen kind
ein Froschlaich
den Maiskolben essen
das Schloss des Kaisers besuchen
der Hammerhai
im Mai Geburtstag haben

4 Schreibe die Wortgruppen ab und ergänze die fehlenden Buchstaben!

Ähnliche Selbstlaute: eu – äu

vers*chtes Wasser verseuchtes Wasser
die Kuh ist ein Wiederk*er … ein Wiederkäuer
ein ehrlicher Z*ge ein ehrlicher Zeuge
str*nende Hunde streunende Hunde
die Tat l*gnen die Tag leugnen
eine schmerzende B*le eine schmerzende Beule
*ßerst ruhig wirken äußerst ruhig wirken
eine Entt*schung erleben eine Enttäuschung …
ein sch*ßlicher Geschmack ein scheußlicher …
die Glocke l*ten die Glocke läuten
eine ger*mige Wohnung eine geräumige Wohnung
ein Kn*el Wolle ein Knäuel Wolle
ein h*lender Wolf ein heulender Wolf
ein Abent*er bestehen ein Abenteuer bestehen

5 Ergänze Wörter mit ei! Der Wortkasten hilft dir!

schon sehr in Eile sein
zur Schulfeier kommen
im seichten Wasser baden
die Heftseite umblättern
die Leiche begraben
einen weisen Menschen um Rat fragen
die Pflanzen gedeihen gut
ein Veilchen im Garten sehen
einen Zweig abbrechen
sehr bescheiden leben
vor Schreck schweigen

~~Eile~~ • weisen • Zweig • seichten • Veilchen • Leiche • Schulfeier • Heftseite • gedeihen • bescheiden • schweigen

6 Ordne die Wörter in die Tabelle ein!

~~Ni?e~~ • A?e • allerdin? • lin? • Bezir?amt • Eide?e • hoffnun?los • kna?en * Ke? • Le?ikon • mitta? • mu?en • Pra?is • rin?um • schnurstra? • Te?t • tri?en • wa?en • we?eln • Wer?gelände

x	gs	ks	cks	chs
Nixe	allerdings	links	knacksen	Achse
Lexikon	hoffnungslos	Bezirksamt	mucksen	Eidechse
Praxis	ringsum	Keks	schnurstracks	wachsen
Text	mittags	Werksgelände	tricksen	wechseln

Zum Abschluss

7 Welche Dinge gibt es nicht? Streiche sie durch!

Weile, Seile, Meilenstein, Teiler, ~~Keilwirt~~, Eingeweide, Krankheit, Zeichnung, Feile, Fleiß, Teilnehmerin, Flüssigkeit, Freizeit, Führerschein, Weinstein, ~~Fleißburg~~

Training, Kai, Kaiser, Mais, Gitarrensaite, ~~Kailer~~, Brotlaib, Detail, Froschlaich, ~~Traiathlon~~, Haifisch, Waisenhaus, Maibaum, Mailand, Laie, Taille, ~~Bordküste~~

Zum Aufwärmen

1 Schau genau: Vergleiche die beiden Wortlisten! In der unteren Liste wurden vier Wörter verändert und vier Wörter fehlen dort. Bessere die veränderten Wörter aus und schreibe die fehlenden Wörter auf die Leerzeilen!

Totenkopf	Irrlicht	Totenlicht	Quälgeist
Schatten	Skelett	Spuk	Fledermaus
Angsthase	Särge	Vampir	Werwolf
Ekel	Gänsehaut	Gespenst	Geist
Horror	Gruselfilm	Friedhof	Spinnweben
Nebel	Labyrinth	Mumie	Zombie

Vampir	Quälgeist	Geist	Irrlicht
Schatten	~~Gespenster~~ Gespenst	~~Fledermus~~ Fledermaus	~~Gruselfilme~~ Gruselfilm
Särge	Totenkopf	Spuk	Gänsehaut
Werwolf	Totenlicht	Angsthase	Friedhof
Spinnweben	Zombie	Mumie	~~Nabel~~ Nebel

Skelett ______ Ekel ______ Horror ______ Labyrinth ______

Zum Üben

2 Ergänze die Mindmap mit deinen Ideen für eine Weiterführung der Geschichte!

Fortsetzung gesucht!
Eines Tages betrat eine unbekannte Frau unser Klassenzimmer. Sie stellte sich als Gespensterjägerin vor und erklärte uns, dass es …
individuelle Lösung

3 Schreibe die schauerliche Wortliste ab und kontrolliere, ob du es schaffst, keinen Fehler dabei zu machen. Achtung, diese Wortliste ist verhext, du machst sicher mehr als zwei Fehler!

todkrank • tödlich • blass • mulmig • schauerlich • kühl • uralt • eiskalt • ängstlich • todsicher • ängstigen • dämmrig • modrig • knarren • totenstill • stöhnen • ächzen • gruseln • verwesen • blutig • jammern • unheimlich • verstauben • röcheln

Bewährte Zaubersprüche

Bäumchen rüttle dich, Bäumchen schüttle dich,
wirf Gold und Silber über mich! (aus Aschenputtel)

Hokuspokus fidibus,
von dir möcht ich 'nen Kuss!

Simsalabim,
das bleib für immer drin!
(Das ist ein Zauberspruch, der helfen soll, sich etwas gut zu merken.)

4 Dichte selbst weitere Zaubersprüche – auch mit simsalada, simsalader und simsalapest!
individuelle Lösung

5 Der Liebeszauber und das Hexeneinmaleins könnten dir vielleicht helfen, wenn du wüsstest, wie sie wirklich lauten. Kannst du die leeren Stellen mit deinen Wörtern ergänzen?

Der Liebeszauber
Für einen Liebeszauber brauchst du eine kleine Schale, Salz, zwei weiße Kerzen und zwei rosafarbene Kerzen. Breite ein Tuch aus und setze dich in die Mitte! Das Tuch darf nur blau, grün oder rosa sein. Ziehe mit dem Salz einen Schutzkreis um dich, beginnend auf der rechten Seite. Stelle die weißen Kerzen auf und zünde sie an. Dann stelle die rosa Kerzen zwischen die weißen und entzünde sie ebenfalls. Denke nun ganz fest an den geliebten Menschen. Stelle dir vor, wie ihr beide euch fest ansehen. Dazu sagst du: Impetatus, es möge geschehen, impetatur und zwar sofort! Ersticke dann die Flammen der Kerzen, indem du die kleine Schale darüberstülpst, keinesfalls/nicht ausblasen!

Das Hexeneinmaleins

Du musst versteh'n!
Aus eins mach zehn,
und zwei lass gehen,
und drei mach gleich,
so bist du reich.
Verlier die vier,
aus fünf und sechs,

so sagt die Hex,
mach sieben und acht,
so ist's vollbracht:
und neun ist eins
und eins ist keins –
das ist das Hexen-Einmaleins!
(Johann Wolfgang Goethe)

Zum Abschluss

6 Wie viele Gespenster gibt es zu sehen und wo sind sie versteckt? 6 Gespenster sind zu sehen.

Überall Werbungen!

1 Schau genau!

- Welche Angebote, die hier gemacht werden, erscheinen dir kurios?

leeres Fernsehgehäuse, Schuhe ohne Sohlen, 1 Kilo Hausstaub, Vogelkäfig mit lauter Löchern, Tennisschläger ohne Bespannung …

- Bei einigen Angeboten siehst du zwar ein Preisschild, aber ohne Preis darauf! Mach dich schlau, was so ein Produkt kosten könnte, und trage einen sinnvollen Preis in das Preisschild ein!
- Ist das Sonderangebot auch wirklich eines? Begründe!

Nein, es ist kein Sonderangebot, im Gegenteil: Das Dreierpack-Sonderangebot ist teurer (€ 7,20) als 3 Stück des Einzelangebots. (3 x € 2,20 = € 6,60).

- Drei Artikel benötigen noch einen „Farbanstrich". Kannst du das übernehmen? Bedenke dabei, dass du Farben wählst, die bei möglichen Käuferinnen und Käufern auch gut ankommen!
- Einen passenden, werbewirksamen Namen braucht dieses Geschäft noch. Fällt dir einer ein? Trage ihn in das leere Schaufensterplakat ein!

2 Hier sind Informationen und Werbungen durcheinandergeraten. Trage in die Kästchen ein W für Werbung oder ein I für Information ein!

W – **Darum probieren Sie unser neues Cleany mit verbesserter Waschwirkung! Ihre Wäsche wird strahlend rein und herrlich duften!**

I – Tausend Stück des neuen Automodells „Speedstar" von TMX mussten aufgrund eines technischen Fehlers zurückgerufen werden.

I – Zu Risiken und Nebenwirkungen lesen Sie die Packungsbeilage und fragen Sie Ihren Arzt oder Apotheker.

W – *„Seit mein Hund Knusperdog frisst, ist er viel lebendiger! Er tobt wieder herum wie ein Welpe! Mein Foffi bekommt jetzt nur noch Knusperdog, und das ein Leben lang!"*

I – **Im Test hat der Toaster von „Röstli" überzeugt und als Einziger die Note „Sehr gut" erhalten. Alleiniger Wermutstropfen: der doch sehr hohe Preis.**

W – *Kennen Sie dieses Gefühl von stechenden Rückenschmerzen, die Ihnen schlaflose Nächte bereiten?* ***Schmerz-ade*** *lindert die Symptome zuverlässig und schnell!* ***Schmerz-ade*** *gibt es jetzt rezeptfrei in Ihrer Apotheke!*

Werbungen sind kurz, informativ und betonen nur die Vorteile!

3 Verfasse ein Inserat, das all die Mängel dieses Smartphones verheimlicht oder als Vorteile anpreist! Dein Text soll verlockend klingen, schließlich willst du das Gerät ja verkaufen!

Smartphone aus dem Jahr 2016, Kopfhörerbuchse ist defekt, Gerät schaltet sich immer wieder mal von selber aus, Sprung im Bildschirm, Abdeckung des Akkus ist mit Klebeband zugeklebt

Bsp.: Verkaufe meinen treuen digitalen Begleiter mit Baujahr 2016! Supersonderpreisrabatt, weil der Bildschirm einen kleinen Sprung hat. Vorteil: Ein Kratzer mehr oder weniger fällt nicht mehr auf! Ein sehr stromsparendes Smartphone, es schaltet sich immer wieder mal selber aus! Beeil dich mit deinem Anruf: 0666/3334499. Nur als Schnellster wirst du glücklicher Besitzer dieses tollen Gerätes!

Bedenke, dass eine solche Täuschung in Wirklichkeit natürlich verboten ist!

Zum Aufwärmen

1 Da hat die Katze ja etwas Schönes angerichtet. Jetzt weiß sie nicht mehr, welches Ende zu ihrem Wollknäuel gehört. Kannst du es ihr sagen, ohne die Finger zu verwenden?

Knäuel Nummer 4

Zum Üben

Informiere dich mittels Smartphone oder PC über Nennform, Stammformen und Zeitformen!

Key: 280

2 Wie heißen die Personalformen richtig? Schreibe die Sätze auf!

Er sehte mich nicht.	Er sah mich nicht.
Ich waschte mir die Füße.	Ich wusch mir die Füße.
Sie laufte schnell nach Hause.	Sie lief schnell nach Hause.
Er schreite laut um Hilfe.	Er schrie laut um Hilfe.
Wir streiteten die ganze Zeit.	Wir stritten die ganze Zeit.
Ich leihte mir Geld von ihm.	Ich lieh mir Geld von ihm.
Der Tormann greifte daneben.	Der Tormann griff daneben.
Die Mutter rufte das Kind.	Die Mutter rief das Kind.
Der Stab brechte entzwei.	Der Stab brach entzwei.
Ich bindete den Hund an.	Ich band den Hund an.
Ich frierte entsetzlich.	Ich fror entsetzlich.

3 Ergänze die fehlenden Formen in der Tabelle!

Nennform	Präsens	Präteritum	Perfekt
nennen	du nennst	du nanntest	du hast genannt
brennen	es brennt	es brannte	es hat gebrannt
kommen	du kommst	du kamst	du bist gekommen
tauen	es taut	es taute	es hat getaut
brummen	er brummt	er brummte	er hat gebrummt
wählen	du wählst	du wähltest	du hast gewählt
schwimmen	du schwimmst	du schwammst	du bist geschwommen
beginnen	sie beginnt	sie begann	sie hat begonnen
fallen	du fällst	du fielst	du bist gefallen

4 Wie heißen die Stammformen? Ergänze die Leerzeilen!

sprechen	→ sprach	→ gesprochen
denken	→ dachte	→ gedacht
bitten	→ bat	→ gebeten
beißen	→ biss	→ gebissen
bringen	→ brachte	→ gebracht
geben	→ gab	→ gegeben
essen	→ aß	→ gegessen
heben	→ hob	→ gehoben

5 Setze die Verben in der vorgegebenen Zeitform ein!

Den Feldherrn, Staatsmann und Schriftsteller Julius Caesar kennt heute noch jedes Kind. (kennen, Präsens)
Julius Caesar eroberte das Land der Gallier, das viele von den Asterix-Heften und -Filmen kennen. (erobern, Präteritum)
Der römische Feldherr schenkte den Soldaten die Freiheit, nachdem sie tapfer für ihn gekämpft hatten. (kämpfen, Plusquamperfekt)
Nach dem römischen Bürgerkrieg, in dem er Pompeius besiegte, rief er sich zum Alleinherrscher aus. (ausrufen, Präteritum)
Wegen der vielen Erfolge für das Römische Reich hat man ihm den Titel Diktator auf Lebenszeit verliehen. (verleihen, Perfekt)
Viele Senatoren, denen er damit zu mächtig geworden war, ermordeten ihn gemeinsam im Senat. (ermorden, Präteritum)
In den folgenden Jahrhunderten wurde Caesars Name allen Herrschern beigefügt. Die Begriffe Kaiser und Zar leiten sich von seinem Namen ab. (ableiten, Präsens)

picturedesk.com/Rex Features

Zum Abschluss

6 Hier sind zwei Witze und die Reihenfolge der Sätze durcheinandergeraten. Wie lautet die Reihenfolge der beiden Witze richtig?

1. Da kurbelt der wütende Ferrarifahrer das Fenster herunter und schreit: „Na, hast wohl einen Tiger im Tank!?“ – „Nein, aber die Jacke in deiner Tür!“
2. „Darf ich wohl einmal Ihren Führerschein sehen?“, sagte er zu dem Jugendlichen.
3. Ein Ferrarifahrer sieht im Rückspiegel einen Mopedfahrer, der ihn gerade überholen will.
4. Ein Polizist stoppt einen sehr jungen Autofahrer.
5. Das lässt er sich natürlich nicht gefallen und gibt Gas. Er beschleunigt auf 130 km/h, aber der Mopedfahrer bleibt auf seinen Fersen.
6. „Wieso Führerschein? Ich denke, den bekommt man erst mit achtzehn!“

Witz A: 4, 2, 6 Witz B: 3, 5, 1

Zum Aufwärmen

1 Welche sechs Tiere sind typische Zirkustiere? Schreibe sie fehlerfrei auf die Zeilen!

Elefant, Bär, Tiger, Löwe, Schimpanse (Affe), Pferd

Zum Üben

2 Tiere im Zirkus – ist das sinnvoll? Ordne die Argumente in Pro und Kontra, indem du sie jeweils mit einer Farbe unterstreichst!

Pro   Kontra

Kinder lernen verschiedenste Tiere kennen • oftmals keine artgerechte Haltung • Jagdinstinkt der Tiere geht verloren • vom Aussterben bedrohte Tiere können sich im Zirkus vermehren • den Tieren fehlt der Auslauf • es werden kaum natürliche Gewohnheiten der Tiere gezeigt • meist artgerechte Dressur durch geschultes Personal

3 Versuche, selbst noch jeweils ein Argument dafür und eines dagegen zu finden!

Pro: Bsp.: Tiere werden im Zirkus gut versorgt.
Kontra: Bsp.: Ein guter Zirkus kommt auch ohne Tiere aus.

4 Behaupten kann man vieles! Ein gutes Argument beinhaltet daher immer auch eine Begründung oder ein passendes Beispiel! Doch hier sind Behauptungen und Begründungen ordentlich durcheinandergeraten. Kannst du sie einander zuordnen?

Behauptungen
Kinder lernen verschiedenste Tiere kennen.
Den Tieren fehlt der Auslauf.
Der Jagdinstinkt der Tiere geht verloren.
Vom Aussterben bedrohte Tiere sind im Zirkus „geschützt".
Es werden kaum natürliche Gewohnheiten der Tiere gezeigt.

Begründungen/Beispiele
Da die Tiere gefüttert werden, brauchen sie nicht mehr zu jagen.
Tiere, die gejagt werden (z. B. Elefanten), sind im Zirkus vor den Wilderern geschützt.
Die Zirkuskunststücke würden die Tiere in freier Wildbahn nie machen.
Sie würden ansonsten viele dieser Tiere nie zu Gesicht bekommen.
In den Käfigen haben sie wenig bis gar keinen Auslauf. In der Natur haben sie viel mehr Platz.

Schule am Samstag?

5 Eine hitzige Diskussion mit drei Behauptungen, aber ohne Begründungen ist hier entbrannt! Versuche zu jeder Behauptung eine Begründung oder ein Beispiel zu finden!

nimmt freien Tag weg → Bsp.: Am Wochenende brauchen Schülerinnen und Schüler Zeit zum Erholen, Zeit für Freunde und um Freizeitaktivitäten nachzugehen.
mehr Freizeit unter der Woche → Bsp.: Der Unterricht fällt unter der Woche kürzer aus, daher kommt man früher nach Hause und kann seinen Hobbys besser nachgehen.
weniger Hausübungen → Bsp.: Da wir am Samstag bis mittags in der Schule wären, könnten die Lehrerinnen und Lehrer nicht so viele Hausübungen übers Wochenende aufgeben.

6 In vielen Ländern ist Schule am Samstag selbstverständlich, in Österreich ist es derzeit kein Thema. Erstelle dazu eine Pro- und Kontra-Liste!

Pro	Kontra
+ Bsp.: Schulstunden verteilen sich auf 6 Tage	- Bsp.: nur Sonntag schulfreier Tag
+ Bsp.: wochentags früher zuhause	- Bsp.: keine längeren Wochenendausflüge möglich
+ Bsp.: wochentags mehr Zeit für Hobbys/Freunde	- Bsp.: weniger Zeit für Freunde/Eltern

7 Willst du mehr zu diesem Thema wissen? Frage deine Eltern oder Großeltern, ob sie samstags zur Schule gehen mussten. Diskutiert die Vor- und Nachteile!

Zum Abschluss

8 Wie würde dein Traum-Stundenplan aussehen? Verteile deine derzeitigen Schulstunden so, wie es dir am besten gefällt! Bedenke dabei auch nötige Mittagspausen!

	Montag	Dienstag	Mittwoch	Donnerstag	Freitag	Samstag
07:45 – 08:35						
08:40 – 09:30						
09:35 – 10:25						
10:40 – 11:30						
11:35 – 12:25						
12:30 – 13:20						
13:30 – 14:20						
14:25 – 15:15						
15:25 – 16:15						

Die rasante Bücherrallye

Fahre mit dem Bücher-Rennwagen durch die Fragen und trage auf Seite 27 unten den jeweils zutreffenden Lösungsbuchstaben ein!

1 Pippi Langstrumpfs kleiner Affe heißt Herr Nilsson. — RICHTIG: B — FALSCH: N

2 Die Autorin von Harry Potter heißt J.K. Roman. — RICHTIG: L — FALSCH: U

3 Ch. Nöstlinger ist eine österreichische Kinder- und Jugendbuchautorin. — RICHTIG: E — FALSCH: P

4 Der „Herr der Diebe“ in C. Funkes Buch ist Robin Hood. — RICHTIG: T — FALSCH: C

5 Die Autorin Astrid Lindgren kam aus Norwegen. — RICHTIG: K — FALSCH: H

6 „Rennschwein Rudi Rüssel“ ist auch verfilmt worden. — RICHTIG: E — FALSCH: E

7 „Die Knickerbohnenbande“ stammt von Thomas Brezina. — RICHTIG: C — FALSCH: R

8 In „Ronja Räubertochter“ gibt es die Mattis- und die Borkaräuber. — RICHTIG: C — FALSCH: H

9 Der Autor der kleinen Hexe schrieb auch „Räuber Plotzenhotz“. — RICHTIG: W — FALSCH: H

10 Der fliegende Drache in der „unendlichen Geschichte“ heißt Fuchur. — RICHTIG: A — FALSCH: F

11 Michael Anfang schrieb das Buch „Momo“. — RICHTIG: O — FALSCH: M

12 „Das doppelte Lottchen“ lernt sich in einem Feriencamp kennen. — RICHTIG: P — FALSCH: B

13 1933 wurden in Deutschland Erich Kästners Bücher öffentlich verbrannt. — RICHTIG: I — FALSCH: E

14 Die „fünf Freunde“ sind lauter Burschen. — RICHTIG: G — FALSCH: O

15 „Die Wolke“ erzählt von einer atomaren Katastrophe. — RICHTIG: N — FALSCH: P

Dir gebührt große Ehre, du bist eine echte Bücherkönigin / ein echter Bücherkönig!

Lösung:

1	2	3	4	5	6	7	8	9	10	11	12	13	14	15
B	U	E	C	H	E	R	C	H	A	M	P	I	O	N

Zum Aufwärmen

1 Schau genau! Nebeneinander befinden sich gleiche und ungleiche Paare. Streiche die ungleichen Paare durch, führe die Übung möglichst rasch durch!

~~428h~~	~~438h~~	~~dl59~~	~~dk59~~	~~897ß~~	~~867ß~~	ßg89	ßg89
~~yac5~~	~~yaa5~~	qzth	qzth	8758	8758	9147	9147
5827	5827	5893	5893	~~5782~~	~~5728~~	~~5787~~	~~5287~~
7524	7524	225d	225d	~~2ßk8~~	~~2dk8~~	7jhu	7jhu
7gzb	7gzb	~~8s7b~~	~~8s7d~~	676g	676g	~~5h5n~~	~~5h5h~~
3456	3456	~~96aa~~	~~96ca~~	~~gß26~~	~~gß28~~	5ß27	5ß27
4065	4065	84y1	84y1	577m	577m	63r4	63r4

Zahl der ungleichen Paare: 11

Zum Üben

2 Hier geht es um Wortfamilien mit dem s-Laut. Achtung: Nicht immer bleibt die Schreibweise gleich! Trage den fehlenden Begriff in die Leerzeile ein!

reisen	die Rei*e	*die Reise*	Riese	rie*ig	riesig
hassen	hä*lich	hässlich	der Schuss	schie*en	schießen
beißen	der Bi*	der Biss	wissen	er wu*te	er wusste
grüßen	der Gru*	der Gruß	außen	äu*erlich	äußerlich
essen	wir a*en	wir aßen	passen	pa*end	passend
fließen	flü*ig	flüssig	schließen	der Schlu*	der Schluss
Autobus	die Autobu*e	die Autobusse	der Beweis	bewei*en	beweisen
fassen	unfa*bar	unfassbar	lesen	unle*erlich	unleserlich

Informiere dich mittels Smartphone oder PC über den s-Laut und dass/das!

Key: 472

3 Ergänze den Artikel oder das Fürwort **das** oder das Bindewort **dass**!

Im Teich schwimmt das Küken seiner Mutter brav nach.
Ist das dein Fahrrad, das dort steht?
Ich freue mich, dass uns die Großeltern besuchen.
Ich spiele gerne Schach, das ist ein anspruchsvolles Spiel.
Bettina weiß, dass sie sich auf den Test vorbereiten muss.
Das Kleid, das Hertha bekommen hat, steht ihr gut.
Das Ergebnis, das ihr erreicht habt, ist großartig.
Ich weiß, dass du schneller bist.
Er lief so schnell, dass ihn niemand mehr einholen konnte.
Das riesige Theater war schnell ausverkauft.
Wirst du mir das Erlebnis erzählen?
Leg das Buch auf den Tisch!

4 Stelle die Sätze richtig und füge den fehlenden Beistrich ein!

Ich hoffe, dass ich bald fertig bin.
Ich weiß, dass ich das vergessen habe.
Er behauptet, dass er mich gestern gesehen habe.
Ich weiß selbst, dass ich noch zu wenig gelernt habe.
Ich habe schon gesagt, dass das nicht in Frage kommt.
Er kam so schnell um die Ecke, dass er mit mir zusammenstieß.
Eine Schwimmerin ertrank, ohne dass ihre Leiche je gefunden wurde.
Die Kontrolle soll sicherstellen, dass das Gerät einwandfrei funktioniert.
Zuletzt muss noch gesagt werden, dass der Schlüssel nach rechts umgedreht werden muss.
Erst nach einer halben Stunde bemerkte ich, dass ich am falschen Eingang gewartet hatte.

Beispiel: *Ich hoffe, dass ich bald fertig bin.*

5 Welche Buchstaben fehlen hier? Schreibe die Wörter in dein Heft!

Geheimni s · E ss besteck · Gel s e · Gru s elfilm · Flü ss igkeit · Fu ß gänger · Ma ß band · Gedächtni s · Flei ß · Milchgebi ss · Geständni s · Gän s ehaut · Fer s e · minde s tens · Adre ss e · Bei ß zange · Erdnu ss · Gro ß vater · Einla ss · Bi ss stelle · Erlaubni s · Gip s

Zum Abschluss

6 Diese Angaben hat ein Zeuge über den Täter gemacht. Kannst du feststellen, welcher Verdächtige der Täter ist?

Der Gesuchte hat keine langen Haare. Er trägt einen Ring im Gesicht. Er trug sicher keine Krawatte. Er dürfte keine Narbe im Gesicht haben. Er hat vermutlich keine dunklen Haare. Er hat eher eine schmale Nase.

Zum Aufwärmen

1 Einfach rätselhaft, dieser Merktext! Die wichtigen Wörter sind durch einen Code verschlüsselt! Kannst du ihn ohne Hilfe knacken? Code: a = 1, b = 2, c = 3, d = 4 …

Bei einem Hauptsatz steht die P E R S O N A L F O R M (16 05 18 19 15 14 01 12 06 15 18 13) immer an Z W E I T E R (26 23 05 09 20 05 18) Stelle.

Bei einem Gliedsatz steht die Personalform immer an L E T Z T E R (12 05 20 26 20 05 18) Stelle.

Er kann nie A L L E I N E (01 12 12 05 09 14 05) stehen.

Zum Üben

2 Lauter Hauptsatzreihen, doch leider fehlen die Subjekte und Prädikate. Ordne diese sinngemäß zu!

Hubert schläft bei Vollmond sehr unruhig, deshalb sieht er bis spät in die Nacht fern.
(er/~~schläft~~/~~Hubert~~/sieht)

Susanne glaubt an die Kraft des Mondes, sie liest viele Bücher darüber.
(glaubt/liest/sie/Susanne)

Meine Nachbarin ist Schlafwandlerin, das belastet sie sehr.
(belastet/meine Nachbarin/ist/sie)

Es gibt viele Geschichten über den Vollmond, doch nicht alle sind wahr.
(sind/es/gibt)

Manche lieben den Vollmond, denn er macht die Nacht heller.
(macht/manche/er/lieben)

3 Verbinde die Hauptsätze und Gliedsätze mit einer Linie zu einem sinnvollen Satzgefüge!

Die Mondfinsternis ist ein großes Naturspektakel,	weil dieser Ebbe und Flut bestimmt.
Bastian übernachtete in der Badewanne,	dass Menschen bei Vollmond zu Werwölfen werden.
In gruseligen Geschichten wird erzählt,	da er immer tief und fest schläft.
Sogar das Meer wird vom Mond beeinflusst,	wenn sie nicht von Wolken verdeckt sind.
Heute sieht man die Sterne,	da er wegen des Mondes schlafwandelte.
Philipp ist die Mondphase egal,	weil sie nur selten vorkommt.

4 Bestimmt schaffst du es, bei diesen Sätzen das passende Bindewort (die Konjunktion) und den fehlenden Beistrich einzutragen!

- Wenn der Vollmond am Himmel steht, klagen viele Menschen über Schlaflosigkeit.
- Die Auswirkungen des Mondes auf Mensch und Natur werden immer wieder in Frage gestellt , doch der Glaube an die Kraft des Himmelskörpers findet dennoch Anklang.
- Früher wurde der Neumond auch „toter Mond" genannt , da er von der Erde aus mit bloßem Auge nicht zu sehen ist.
- Ein bekanntes Kinderlied erzählt , dass der Mond aufgegangen sei.
- Als Paula im Internet nach einem romantischen Foto suchte, fand sie ein wunderschönes Bild mit aufgehendem Mond.

5 Kannst du herausfinden, ob es sich um eine Hauptsatzreihe oder ein Satzgefüge handelt? Unterstreiche zusätzlich die Hauptsätze rot und die Gliedsätze grün.

Informiere dich mittels Smartphone oder PC über die Hauptsatzreihen/Satzgefüge!

Key: 955

Hast du gewusst, dass am 1. März nach Sonnenuntergang geschlagenes Holz nicht brennt?
Satzgefüge

Der zunehmende Mond und der Vollmond haben angeblich Auswirkungen auf die Geburt, denn es kommen zu diesem Zeitpunkt mehr Kinder zur Welt.
Hauptsatzreihe

Nie hätte ich gedacht, dass bei abnehmendem Mond gewaschene Wäsche sauberer wird.
Satzgefüge

Manche Personen beginnen bei Vollmond zu schlafwandeln, aber das kann ganz schön gefährlich werden.
Hauptsatzreihe

Wenn die Tanne zu Weihnachten drei Tage vor dem elften Vollmond des Jahres geschlagen wird, behält sie ihre Nadeln für sehr lange Zeit.
Satzgefüge

Zum Abschluss

6 Gelingt es dir, den Mond in seinen jeweiligen Phasen zu zeichnen? Du findest im Internet, in einem Lexikon oder in einem Kalender Informationen dazu.

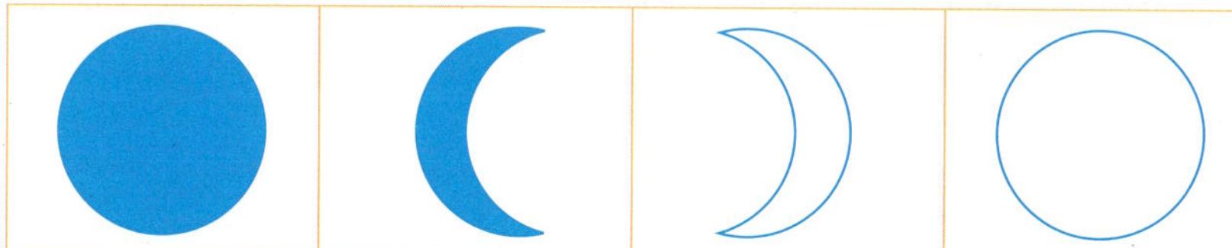

Neumond	abnehmender Mond	zunehmender Mond	Vollmond

Tauche ein in die Unterwasserwelt!

Folge dem Seil und entdecke die faszinierende Welt unter Wasser!

1 Bringe die Textbausteine in die richtige Reihenfolge, indem du sie nummerierst!

5	Vorteile sind, gibt es auch Nachteile. Große Fischschwärme locken Räuber eher an als kleine. Das
1	In einem Fischschwarm schwimmen viele Fische derselben Art oder anderer Arten zusammen. Dabei
3	hat natürlich Vorteile. Der Feind kann immer nur einzelne Fische im Auge behalten und weil er
4	auch nur eine begrenzte Anzahl fressen kann, ist so die Überlebenschance in der Masse größer. Wo
6	heißt also, je größer ein Schwarm ist, umso größer ist die Gefahr, entdeckt zu werden.
2	schwimmen sie fast parallel und in gleichem Abstand zueinander in die gleiche Richtung. Die Schwarmbildung

2 Wortzwischenräume und die Großschreibung wurden in diesem Text nicht beachtet. Kannst du ihn dennoch lesen?

Der Blauwal ist mit bis zu 33 Metern Länge und einem Gewicht von 200 Tonnen das größte und schwerste Tier der Erde. Alleine das Herz wiegt zwischen 600 und 1000 Kilogramm. Das Säugetier kann bis zu 90 Jahre alt werden, die meisten Wale sterben aber deutlich früher. Ihr Lebensraum ist in allen Weltmeeren, allerdings sind sie im Sommer oft in polaren Gewässern anzutreffen, da sie dort viel Nahrung finden. Alle drei bis zehn Minuten kommen die Tiere an die Oberfläche, um Sauerstoff aufzunehmen. Längere Tauchgänge dauern bis zu zwanzig Minuten.

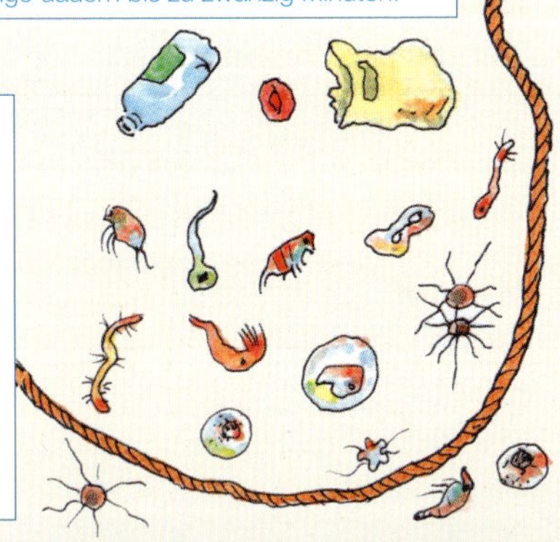

3 Die Hälfte des Textes hat sich im Salzwasser aufgelöst, trotzdem ist er noch lesbar!

Winzig kleine Tierchen, die im Wasser leben, werden als Plankton bezeichnet. Ihre Schwimmriohtung wird von den Wasserströmungen vorgegeben. Es gibt viele Formen und Farben und sie sind in nahezu allen Gewässern gegenwärtig. Aus diesem Grund dienen sie vielen Lebewesen als Nahrung. Mittlerweile jedoch treiben so viele kleine Plastikteilchen (im Meer entsorgter Plastikmüll) in den Meeren herum, dass diese beispielsweise auch von den Fischen gefressen werden. So gelangt das Plastik in die Nahrungskette des Menschen.

4 In einer Flaschenpost wurde dieser Text gefunden. Gelingt es dir, die alte Schrift zu lesen?

In der Wissenschaft wird die Qualle auch Medusa genannt. Die meisten Arten leben im Meer, es gibt aber auch einige hier bei uns in den Süßgewässern. Ihr Organismus besteht zu 98 bis 99 Prozent aus Wasser. Da sie Räuber sind, sind sie für die Fische bei der Nahrungssuche Konkurrenten. In Norwegen bilden sie in einzelnen Regionen oftmals große Lebensgemeinschaften und verdrängen so die Fische. Kommt der Mensch mit Quallen in Kontakt, kann dies für ihn sehr schmerzhaft sein. Es können juckende Ausschläge oder Blasen entstehen, die mit einer Verbrennung zu vergleichen sind. Das Gift einiger Arten ist so stark, dass es sogar zu Atembeschwerden oder einem Kreislaufkollaps kommen kann. Daher sollte man Quallen, die man am Strand findet oder von anderen Menschen entfernen möchte, möglichst nicht mit bloßen Händen berühren.

5 Hier hat sich der Text wohl dem Wellengang angepasst!

Delfine gehören zu der Familie der Wale, weshalb auch sie Säugetiere sind. Sie können mit 55 km/h sehr schnell schwimmen und bis zu 15 Minuten lang tauchen. Ihre Verspieltheit zeichnet sie aus und sie gehören zu den intelligentesten Tieren der Welt. Sie kommen in nahezu allen Weltmeeren vor und gelten als soziale Wesen, da sie in Gruppen leben und kranke oder verletzte Artgenossen unterstützen. Leider werden auch Delfine aufgrund ihres Fleisches in Japan immer noch gejagt oder leiden als Attraktion für Zuschauer in einem viel zu kleinen Delfinbecken.

6 In jeder Zeile hat sich ein Wort mit vertauschten Buchstaben eingeschlichen! Entziffere die Wörter und lies den Text fehlerfrei vor!

Als Korallenriff bezeichnet man eine Erhebung im Meer, welche von Nesseltierchen gebildet wurde. Die Riffe erfüllen eine wichtige Aufgabe für das Leben in den Gewässern. Sie dienen als Lebensraum für Pflanzen und Tiere. Bei den Korallenriffen gibt es verschiedene Formen und Farben, je nachdem, wie sie entstanden sind. Leider nimmt ihre Zahl immer mehr ab, wofür sich der Mensch verantwortlich zeigen muss. Es werden zu viele Fische gefangen (Überfischung), die Meere sind zu sehr verschmutzt, es wird immer mehr an den Küsten gebaut und Schiffe laufen auf Grund. Ein Fünftel sämtlicher Riffe ist bereits verschwunden!

3 Schreibe die schauerliche Wortliste ab und kontrolliere, ob du es schaffst, keinen Fehler dabei zu machen. Achtung, diese Wortliste ist verhext, du machst sicher mehr als zwei Fehler!

todkrank • tödlich • blass • mulmig • schauerlich • kühl • uralt • eiskalt • ängstlich • todsicher • ängstigen • dämmrig • modrig • knarren • totenstill • stöhnen • ächzen • gruseln • verwesen • blutig • jammern • unheimlich • verstauben • röcheln

Bewährte Zaubersprüche

Bäumchen rüttle dich, Bäumchen schüttle dich,
wirf Gold und Silber über mich! (aus Aschenputtel)

Hokuspokus fidibus,
von dir möcht ich 'nen Kuss!

Simsalabim,
das bleib für immer drin!
(Das ist ein Zauberspruch, der helfen soll, sich etwas gut zu merken.)

4 Dichte selbst weitere Zaubersprüche – auch mit simsalada, simsalader und simsalapest!

5 Der Liebeszauber und das Hexeneinmaleins könnten dir vielleicht helfen, wenn du wüsstest, wie sie wirklich lauten. Kannst du die leeren Stellen mit deinen Wörtern ergänzen?

Der Liebeszauber

Für einen ___ brauchst du eine kleine Schale, Salz, zwei weiße Kerzen und zwei rosafarbene ___. Breite ___ Tuch aus und setze dich in ___ Mitte! Das Tuch darf nur blau, grün ___ rosa ___. Ziehe mit dem Salz einen Schutzkreis ___ dich, beginnend ___ der rechten ___. Stelle die weißen Kerzen auf und zünde sie ___. Dann stelle die rosa ___ zwischen die weißen ___ entzünde sie ebenfalls. Denke nun ganz ___ an den geliebten ___. Stelle dir vor, wie ihr ___ euch fest anseht. Dazu ___ du: Impetatus, es möge geschehen, impetatur und zwar sofort! Ersticke dann die ___ der Kerzen, indem ___ die kleine Schale darüberstülpst, ___ ausblasen!

Das Hexeneinmaleins

Du musst versteh'n!
Aus eins mach ___,
und zwei lass gehen,
und drei mach gleich,
so bist du ___.
Verlier die vier,
aus fünf und sechs,

so sagt die ___,
mach sieben und acht,
so ist's vollbracht:
und neun ist eins
und eins ist keins –
das ist das Hexen-___!
(Johann Wolfgang Goethe)

Zum Abschluss

6 Wie viele Gespenster gibt es zu sehen und wo sind sie versteckt?

Überall Werbungen!

1 Schau genau!

- Welche Angebote, die hier gemacht werden, erscheinen dir kurios?

- Bei einigen Angeboten siehst du zwar ein Preisschild, aber ohne Preis darauf! Mach dich schlau, was so ein Produkt kosten könnte, und trage einen sinnvollen Preis in das Preisschild ein!
- Ist das Sonderangebot auch wirklich eines? Begründe!

- Drei Artikel benötigen noch einen „Farbanstrich“. Kannst du das übernehmen? Bedenke dabei, dass du Farben wählst, die bei möglichen Käuferinnen und Käufern auch gut ankommen!
- Einen passenden, werbewirksamen Namen braucht dieses Geschäft noch. Fällt dir einer ein? Trage ihn in das leere Schaufensterplakat ein!

2 Hier sind Informationen und Werbungen durcheinandergeraten. Trage in die Kästchen ein W für Werbung oder ein I für Information ein!

☐ **Darum probieren Sie unser neues Cleany mit verbesserter Waschwirkung! Ihre Wäsche wird strahlend rein und herrlich duften!**

☐ Tausend Stück des neuen Automodells „Speedstar" von TMX mussten aufgrund eines technischen Fehlers zurückgerufen werden.

☐ Zu Risiken und Nebenwirkungen lesen Sie die Packungsbeilage und fragen Sie Ihren Arzt oder Apotheker.

☐ *„Seit mein Hund Knusperdog frisst, ist er viel lebendiger! Er tobt wieder herum wie ein Welpe! Mein Foffi bekommt jetzt nur noch Knusperdog, und das ein Leben lang!"*

☐ **Im Test hat der Toaster von „Röstli" überzeugt und als Einziger die Note „Sehr gut" erhalten. Alleiniger Wermutstropfen: der doch sehr hohe Preis.**

☐ *Kennen Sie dieses Gefühl von stechenden Rückenschmerzen, die Ihnen schlaflose Nächte bereiten?* ***Schmerz-ade*** *lindert die Symptome zuverlässig und schnell!* ***Schmerz-ade*** *gibt es jetzt rezeptfrei in Ihrer Apotheke!*

Werbungen sind kurz, informativ und betonen nur die Vorteile!

3 Verfasse ein Inserat, das all die Mängel dieses Smartphones verheimlicht oder als Vorteile anpreist! Dein Text soll verlockend klingen, schließlich willst du das Gerät ja verkaufen!

Smartphone aus dem Jahr 2016, Kopfhörerbuchse ist defekt, Gerät schaltet sich immer wieder mal von selber aus, Sprung im Bildschirm, Abdeckung des Akkus ist mit Klebeband zugeklebt

Bedenke, dass eine solche Täuschung in Wirklichkeit natürlich verboten ist!

Zum Aufwärmen

1 Da hat die Katze ja etwas Schönes angerichtet. Jetzt weiß sie nicht mehr, welches Ende zu ihrem Wollknäuel gehört. Kannst du es ihr sagen, ohne die Finger zu verwenden?

Knäuel Nummer ______

Zum Üben

Informiere dich mittels Smartphone oder PC über Nennform, Stammformen und Zeitformen!

Key: 280

2 Wie heißen die Personalformen richtig? Schreibe die Sätze auf!

Er sehte mich nicht. Er sah mich nicht.
Ich waschte mir die Füße. ______
Sie laufte schnell nach Hause. ______
Er schreite laut um Hilfe. ______
Wir streiteten die ganze Zeit. ______
Ich leihte mir Geld von ihm. ______
Der Tormann greifte daneben. ______
Die Mutter rufte das Kind. ______
Der Stab brechte entzwei. ______
Ich bindete den Hund an. ______
Ich frierte entsetzlich. ______

3 Ergänze die fehlenden Formen in der Tabelle!

Nennform	Präsens	Präteritum	Perfekt
nennen	du nennst	du nanntest	du hast genannt
brennen	es	es	es
	du kommst	du	du
	es taut	es	es
	er	er	er hat gebrummt
	du wählst	du	du
schwimmen	du	du	du
	sie	sie	sie hat begonnen
fallen	du	du	du

4 Wie heißen die Stammformen? Ergänze die Leerzeilen!

sprechen	→	sprach	→	gesprochen
denken	→	______	→	______
bitten	→	______	→	______
beißen	→	______	→	______
bringen	→	______	→	______
geben	→	______	→	______
essen	→	______	→	______
heben	→	______	→	______

5 Setze die Verben in der vorgegebenen Zeitform ein!

Den Feldherrn, Staatsmann und Schriftsteller Julius Caesar ______ heute noch jedes Kind. (kennen, Präsens)
Julius Caesar ______ das Land der Gallier, das viele von den Asterix-Heften und -Filmen kennen. (erobern, Präteritum)
Der römische Feldherr schenkte den Soldaten die Freiheit, nachdem sie tapfer für ihn ______. (kämpfen, Plusquamperfekt)
Nach dem römischen Bürgerkrieg, in dem er Pompeius besiegte, ______ er sich zum Alleinherrscher ______. (ausrufen, Präteritum)
Wegen der vielen Erfolge für das Römische Reich ______ man ihm den Titel Diktator auf Lebenszeit ______. (verleihen, Perfekt)
Viele Senatoren, denen er damit zu mächtig geworden war, ______ ihn gemeinsam im Senat. (ermorden, Präteritum)
In den folgenden Jahrhunderten wurde Caesars Name allen Herrschern beigefügt. Die Begriffe Kaiser und Zar ______ sich von seinem Namen ______. (ableiten, Präsens)

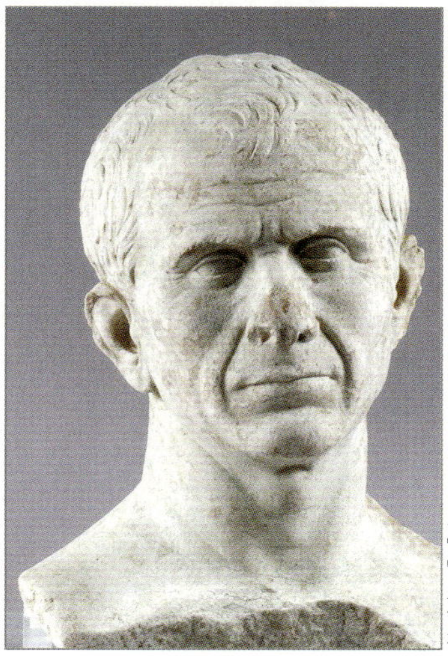
picturedesk.com/Rex Features

Zum Abschluss

6 Hier sind zwei Witze und die Reihenfolge der Sätze durcheinandergeraten. Wie lautet die Reihenfolge der beiden Witze richtig?

1. Da kurbelt der wütende Ferrarifahrer das Fenster herunter und schreit: „Na, hast wohl einen Tiger im Tank!?“ – „Nein, aber die Jacke in deiner Tür!“
2. „Darf ich wohl einmal Ihren Führerschein sehen?“, sagte er zu dem Jugendlichen.
3. Ein Ferrarifahrer sieht im Rückspiegel einen Mopedfahrer, der ihn gerade überholen will.
4. Ein Polizist stoppt einen sehr jungen Autofahrer.
5. Das lässt er sich natürlich nicht gefallen und gibt Gas. Er beschleunigt auf 130 km/h, aber der Mopedfahrer bleibt auf seinen Fersen.
6. „Wieso Führerschein? Ich denke, den bekommt man erst mit achtzehn!“

Witz A: ______, ______, ______ Witz B: ______, ______, ______

Zum Aufwärmen

1 Welche sechs Tiere sind typische Zirkustiere? Schreibe sie fehlerfrei auf die Zeilen!

Zum Üben

2 Tiere im Zirkus – ist das sinnvoll? Ordne die Argumente in Pro und Kontra, indem du sie jeweils mit einer Farbe unterstreichst!

☐ Pro ☐ Kontra

Kinder lernen verschiedenste Tiere kennen • oftmals keine artgerechte Haltung • Jagdinstinkt der Tiere geht verloren • vom Aussterben bedrohte Tiere können sich im Zirkus vermehren • den Tieren fehlt der Auslauf • es werden kaum natürliche Gewohnheiten der Tiere gezeigt • meist artgerechte Dressur durch geschultes Personal

3 Versuche, selbst noch jeweils ein Argument dafür und eines dagegen zu finden!

Pro: ______________________________

Kontra: ______________________________

4 Behaupten kann man vieles! Ein gutes Argument beinhaltet daher immer auch eine Begründung oder ein passendes Beispiel! Doch hier sind Behauptungen und Begründungen ordentlich durcheinandergeraten. Kannst du sie einander zuordnen?

Behauptungen
Kinder lernen verschiedenste Tiere kennen.
Den Tieren fehlt der Auslauf.
Der Jagdinstinkt der Tiere geht verloren.
Vom Aussterben bedrohte Tiere sind im Zirkus „geschützt".
Es werden kaum natürliche Gewohnheiten der Tiere gezeigt.

Begründungen / Beispiele
Da die Tiere gefüttert werden, brauchen sie nicht mehr zu jagen.
Tiere, die gejagt werden (z. B. Elefanten), sind im Zirkus vor den Wilderern geschützt.
Die Zirkuskunststücke würden die Tiere in freier Wildbahn nie machen.
Sie würden ansonsten viele dieser Tiere nie zu Gesicht bekommen.
In den Käfigen haben sie wenig bis gar keinen Auslauf. In der Natur haben sie viel mehr Platz.

Schule am Samstag?

5 Eine hitzige Diskussion mit drei Behauptungen, aber ohne Begründungen ist hier entbrannt! Versuche zu jeder Behauptung eine Begründung oder ein Beispiel zu finden!

nimmt freien Tag weg → ______________________________

____

mehr Freizeit unter der Woche → ______________________________

____

weniger Hausübungen → ______________________________

____

6 In vielen Ländern ist Schule am Samstag selbstverständlich, in Österreich ist es derzeit kein Thema. Erstelle dazu eine Pro- und Kontra-Liste!

Pro	Kontra
+	-
+	-
+	-

7 Willst du mehr zu diesem Thema wissen? Frage deine Eltern oder Großeltern, ob sie samstags zur Schule gehen mussten. Diskutiert die Vor- und Nachteile!

Zum Abschluss

8 Wie würde dein Traum-Stundenplan aussehen? Verteile deine derzeitigen Schulstunden so, wie es dir am besten gefällt! Bedenke dabei auch nötige Mittagspausen!

	Montag	Dienstag	Mittwoch	Donnerstag	Freitag	Samstag
07:45 – 08:35						
08:40 – 09:30						
09:35 – 10:25						
10:40 – 11:30						
11:35 – 12:25						
12:30 – 13:20						
13:30 – 14:20						
14:25 – 15:15						
15:25 – 16:15						

Die rasante Bücherrallye

Fahre mit dem Bücher-Rennwagen durch die Fragen und trage auf Seite 27 unten den jeweils zutreffenden Lösungsbuchstaben ein!

1. Pippi Langstrumpfs kleiner Affe heißt Herr Nilsson. – RICHTIG: B – FALSCH: N
2. Die Autorin von Harry Potter heißt J.K. Roman. – RICHTIG: L – FALSCH: U
3. Ch. Nöstlinger ist eine österreichische Kinder- und Jugendbuchautorin. – RICHTIG: E – FALSCH: P
4. Der „Herr der Diebe“ in C. Funkes Buch ist Robin Hood. – RICHTIG: T – FALSCH: C
5. Die Autorin Astrid Lindgren kam aus Norwegen. – RICHTIG: K – FALSCH: H
6. „Rennschwein Rudi Rüssel“ ist auch verfilmt worden. – RICHTIG: E – FALSCH: E
7. „Die Knickerbohnenbande“ stammt von Thomas Brezina. – RICHTIG: C – FALSCH: R
8. In „Ronja Räubertochter“ gibt es die Mattis- und die Borkaräuber. – RICHTIG: C – FALSCH: H

9
Der Autor der kleinen Hexe schrieb auch „Räuber Plotzenhotz“.
RICHTIG → W
FALSCH → H

10
Der fliegende Drache in der „unendlichen Geschichte“ heißt Fuchur.
RICHTIG → A
FALSCH → F

11
Michael Anfang schrieb das Buch „Momo“.
RICHTIG → O
FALSCH → M

12
„Das doppelte Lottchen" lernt sich in einem Feriencamp kennen.
RICHTIG → P
FALSCH → B

Dir gebührt große Ehre, du bist eine echte Bücherkönigin / ein echter Bücherkönig!

13
1933 wurden in Deutschland Erich Kästners Bücher öffentlich verbrannt.
RICHTIG → I
FALSCH → E

14
Die „fünf Freunde“ sind lauter Burschen.
RICHTIG → G
FALSCH → O

15
„Die Wolke“ erzählt von einer atomaren Katastrophe.
RICHTIG → N
FALSCH → P

Lösung:

1	2	3	4	5	6	7	8	9	10	11	12	13	14	15

Zum Aufwärmen

1 Schau genau! Nebeneinander befinden sich gleiche und ungleiche Paare. Streiche die ungleichen Paare durch, führe die Übung möglichst rasch durch!

428h	438h	dl59	dk59	897ß	867ß	ßg89	ßg89
yac5	yaa5	qzth	qzth	8758	8758	9147	9147
5827	5827	5893	5893	5782	5728	5787	5287
7524	7524	225d	225d	2ßk8	2dk8	7jhu	7jhu
7gzb	7gzb	8s7b	8s7d	676g	676g	5h5n	5h5h
3456	3456	96sa	96ca	gß26	gß28	5ß27	5ß27
4065	4065	84y1	84y1	577m	577m	63r4	63r4

Zahl der ungleichen Paare: ______

Zum Üben

2 Hier geht es um Wortfamilien mit dem s-Laut. Achtung: Nicht immer bleibt die Schreibweise gleich! Trage den fehlenden Begriff in die Leerzeile ein!

reisen	die Rei*e	die Reise	Riese	rie*ig	______
hassen	hä*lich	______	der Schuss	schie*en	______
beißen	der Bi*	______	wissen	er wu*te	______
grüßen	der Gru*	______	außen	äu*erlich	______
essen	wir a*en	______	passen	pa*end	______
fließen	flü*ig	______	schließen	der Schlu*	______
Autobus	die Autobu*e	______	der Beweis	bewei*en	______
fassen	unfa*bar	______	lesen	unle*erlich	______

Informiere dich mittels Smartphone oder PC über den s-Laut und dass/das!

Key: 472

3 Ergänze den Artikel oder das Fürwort **das** oder das Bindewort **dass**!

Im Teich schwimmt ______ Küken seiner Mutter brav nach.
Ist ______ dein Fahrrad, ______ dort steht?
Ich freue mich, ______ uns die Großeltern besuchen.
Ich spiele gerne Schach, ______ ist ein anspruchsvolles Spiel.
Bettina weiß, ______ sie sich auf den Test vorbereiten muss.
Das Kleid, ______ Hertha bekommen hat, steht ihr gut.
Das Ergebnis, ______ ihr erreicht habt, ist großartig.
Ich weiß, ______ du schneller bist.
Er lief so schnell, ______ ihn niemand mehr einholen konnte.
______ riesige Theater war schnell ausverkauft.
Wirst du mir ______ Erlebnis erzählen?
Leg ______ Buch auf den Tisch!

4 Stelle die Sätze richtig und füge den fehlenden Beistrich ein!

Ich dass ich bald hoffe fertig bin.
Ich das weiß vergessen dass ich habe.
Er dass er mich gestern gesehen behauptet habe.
Ich ich noch weiß dass zu wenig selbst gelernt habe.
Ich dass habe schon das nicht gesagt Frage in kommt.
Er kam so Ecke dass er schnell um mit mir die zusammenstieß.
Eine ohne Schwimmerin ertrank Leiche dass ihre gefunden je wurde.
Die sicherstellen dass einwandfrei das Gerät Kontrolle soll funktioniert.
Zuletzt muss dass der Schlüssel noch gesagt werden nach umgedreht rechts muss werden.
Erst einer halben nach dass hatte ich Stunde bemerkte ich am falschen Eingang gewartet.

Beispiel: Ich hoffe, dass ich bald fertig bin.

5 Welche Buchstaben fehlen hier? Schreibe die Wörter in dein Heft!

Geheimni …　E … besteck
Gel … e　Gru … elfilm　Flü … igkeit
Fu … gänger　Ma … band
Gedächtni …　Flei …　Milchgebi …
Gän … ehaut　Fer … e　Geständni …
Adre … e　Bei … zange　Erdnu …　minde … tens
Gro … vater　Gip …　Einla …　Bi … stelle　Erlaubni …

Zum Abschluss

6 Diese Angaben hat ein Zeuge über den Täter gemacht. Kannst du feststellen, welcher Verdächtige der Täter ist?

Der Gesuchte hat keine langen Haare. Er trägt einen Ring im Gesicht. Er trug sicher keine Krawatte. Er dürfte keine Narbe im Gesicht haben. Er hat vermutlich keine dunklen Haare. Er hat eher eine schmale Nase.

Zum Aufwärmen

1 Einfach rätselhaft, dieser Merktext! Die wichtigen Wörter sind durch einen Code verschlüsselt! Kannst du ihn ohne Hilfe knacken?

Bei einem Hauptsatz steht die ____________ (16 05 18 19 15 14 01 12 06 15 18 13) immer an _______ (26 23 05 09 20 05 18) Stelle.

Bei einem Gliedsatz steht die Personalform immer an _______ (12 05 20 26 20 05 18) Stelle.

Er kann nie _______ (01 12 12 05 09 14 05) stehen.

Zum Üben

2 Lauter Hauptsatzreihen, doch leider fehlen die Subjekte und Prädikate. Ordne diese sinngemäß zu!

Hubert schläft bei Vollmond sehr unruhig, deshalb ________ ________ bis spät in die Nacht fern.
(er/schläft/Hubert/sieht)

________ ________ an die Kraft des Mondes, ________ ________ viele Bücher darüber.
(glaubt/liest/sie/Susanne)

________ ________ Schlafwandlerin, das ________ ________ sehr.
(belastet/meine Nachbarin/ist/sie)

________ ________ viele Geschichten über den Vollmond, doch nicht alle ________ wahr.
(sind/es/gibt)

________ ________ den Vollmond, denn ________ ________ die Nacht heller.
(macht/manche/er/lieben)

3 Verbinde die Hauptsätze und Gliedsätze mit einer Linie zu einem sinnvollen Satzgefüge!

Die Mondfinsternis ist ein großes Naturspektakel,	weil dieser Ebbe und Flut bestimmt.
Bastian übernachtete in der Badewanne,	dass Menschen bei Vollmond zu Werwölfen werden.
In gruseligen Geschichten wird erzählt,	da er immer tief und fest schläft.
Sogar das Meer wird vom Mond beeinflusst,	wenn sie nicht von Wolken verdeckt sind.
Heute sieht man die Sterne,	da er wegen des Mondes schlafwandelte.
Philipp ist die Mondphase egal,	weil sie nur selten vorkommt.

4 Bestimmt schaffst du es, bei diesen Sätzen das passende Bindewort (die Konjunktion) und den fehlenden Beistrich einzutragen!

- ________ der Vollmond am Himmel steht klagen viele Menschen über Schlaflosigkeit.
- Die Auswirkungen des Mondes auf Mensch und Natur werden immer wieder in Frage gestellt ________ der Glaube an die Kraft des Himmelskörpers findet dennoch Anklang.
- Früher wurde der Neumond auch „toter Mond" genannt ________ er von der Erde aus mit bloßem Auge nicht zu sehen ist.
- Ein bekanntes Kinderlied erzählt ________ der Mond aufgegangen sei.
- ________ Paula im Internet nach einem romantischen Foto suchte fand sie ein wunderschönes Bild mit aufgehendem Mond.

5 Kannst du herausfinden, ob es sich um eine Hauptsatzreihe oder ein Satzgefüge handelt? Unterstreiche zusätzlich die Hauptsätze rot und die Gliedsätze grün.

Informiere dich mittels Smartphone oder PC über die Hauptsatzreihen/Satzgefüge!

Key: 955

Hast du gewusst, dass am 1. März nach Sonnenuntergang geschlagenes Holz nicht brennt?

Satzgefüge

Der zunehmende Mond und der Vollmond haben angeblich Auswirkungen auf die Geburt, denn es kommen zu diesem Zeitpunkt mehr Kinder zur Welt.

____

Nie hätte ich gedacht, dass bei abnehmendem Mond gewaschene Wäsche sauberer wird.

____

Manche Personen beginnen bei Vollmond zu schlafwandeln, aber das kann ganz schön gefährlich werden.

____

Wenn die Tanne zu Weihnachten drei Tage vor dem elften Vollmond des Jahres geschlagen wird, behält sie ihre Nadeln für sehr lange Zeit.

____

Zum Abschluss

6 Gelingt es dir, den Mond in seinen jeweiligen Phasen zu zeichnen? Du findest im Internet, in einem Lexikon oder in einem Kalender Informationen dazu.

Neumond	abnehmender Mond	zunehmender Mond	Vollmond

Tauche ein in die Unterwasserwelt!

Folge dem Seil und entdecke die faszinierende Welt unter Wasser!

1 Bringe die Textbausteine in die richtige Reihenfolge, indem du sie nummerierst!

☐ Vorteile sind, gibt es auch Nachteile. Große Fischschwärme locken Räuber eher an als kleine. Das

☐ In einem Fischschwarm schwimmen viele Fische derselben Art oder anderer Arten zusammen. Dabei

☐ hat natürlich Vorteile. Der Feind kann immer nur einzelne Fische im Auge behalten und weil er

☐ auch nur eine begrenzte Anzahl fressen kann, ist so die Überlebens-chance in der Masse größer. Wo

☐ heißt also, je größer ein Schwarm ist, umso größer ist die Gefahr, entdeckt zu werden.

☐ schwimmen sie fast parallel und in gleichem Abstand zueinander in die gleiche Richtung. Die Schwarmbildung

2 Wortzwischenräume und die Großschreibung wurden in diesem Text nicht beachtet. Kannst du ihn dennoch lesen?

derblauwalistmitbiszu33meternlängeundeinemgewichtvon200
tonnendasgrößteundschwerstetierdererde.alleinedasherzwiegt
zwischen600und1000kilogramm.dassäugetierkannbiszu90jahre
altwerden,diemeistenwalesterbenaberdeutlichfrüher.ihrlebensraum
istinallenweltmeeren,allerdingssindsieimsommeroftinpolarengewässern
anzutreffen,dasiedortvielnahrungfinden.alledreibiszehnminutenkommen
dietiereandieoberfläche,umsauerstoffaufzunehmenlängeretauchgänge
dauernbiszuzwanzigminuten.

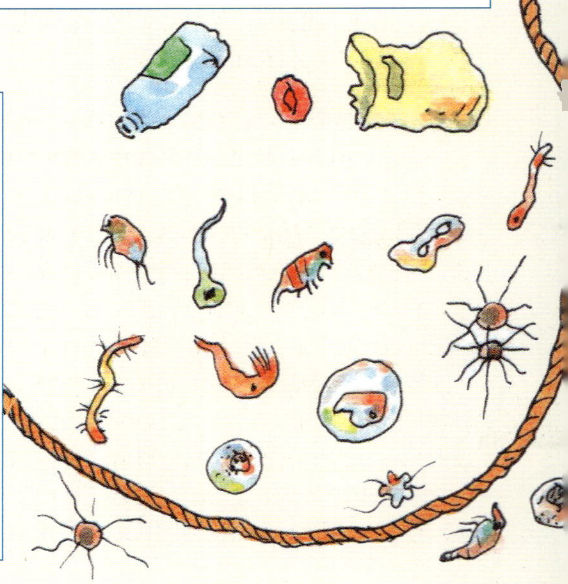

3 Die Hälfte des Textes hat sich im Salzwasser aufgelöst, trotzdem ist er noch lesbar!

Winzig kleine Tierchen, die im Wasser leben, werden als Plankton bezeichnet. Ihre Schwimmrichtung wird von den Wasserströmungen vorgegeben. Es gibt viele Formen und Farben und sie sind in nahezu allen Gewässern gegenwärtig. Aus diesem Grund dienen sie vielen Lebewesen als Nahrung. Mittlerweile jedoch treiben so viele kleine Plastikteilchen (im Meer entsorgter Plastikmüll) in den Meeren herum, dass diese beispielsweise auch von den Fischen gefressen werden. So gelangt das Plastik in die Nahrungskette des Menschen.

4 In einer Flaschenpost wurde dieser Text gefunden. Gelingt es dir, die alte Schrift zu lesen?

In der Wissenschaft wird die Qualle auch Medusa genannt. Die meisten Arten leben im Meer, es gibt aber auch einige hier bei uns in den Süßgewässern. Ihr Organismus besteht zu 98 bis 99 Prozent aus Wasser. Da sie Räuber sind, sind sie für die Fische bei der Nahrungssuche Konkurrenten. In Norwegen bilden sie in einzelnen Regionen oftmals große Lebensgemeinschaften und verdrängen so die Fische. Kommt der Mensch mit Quallen in Kontakt, kann dies für ihn sehr schmerzhaft sein. Es können juckende Ausschläge oder Blasen entstehen, die mit einer Verbrennung zu vergleichen sind. Das Gift einiger Arten ist so stark, dass es sogar zu Atembeschwerden oder einem Kreislaufkollaps kommen kann. Daher sollte man Quallen, die man am Strand findet oder von anderen Menschen entfernen möchte, möglichst nicht mit bloßen Händen berühren.

5 Hier hat sich der Text wohl dem Wellengang angepasst!

Delfine gehören zu der Familie der Wale, weshalb auch sie Säugetiere sind. Sie können mit 55 km/h sehr schnell schwimmen und bis zu 15 Minuten lang tauchen. Ihre Verspieltheit zeichnet sie aus und sie gehören zu den intelligentesten Tieren der Welt. Sie kommen in nahezu allen Weltmeeren vor und gelten als soziale Wesen, da sie in Gruppen leben und kranke oder verletzte Artgenossen unterstützen. Leider werden auch Delfine aufgrund ihres Fleisches in Japan immer noch gejagt oder leiden als Attraktion für Zuschauer in einem viel zu kleinen Delfinbecken.

6 In jeder Zeile hat sich ein Wort mit vertauschten Buchstaben eingeschlichen! Entziffere die Wörter und lies den Text fehlerfrei vor!

Als Korallenriff bzecheinet man eine Erhebung im Meer, welche von Nesseltierchen gebildet wrdue. Die Riffe erfüllen eine wichtige Agbfuae für das Leben in den Gewässern. Sie dienen als Lsenbeaurm für Pflanzen und Terie. Bei den Korallenriffen gibt es verschiedene Formen und Ferban, je nachdem, wie sie entstanden sind. Leider nimmt ihre Zahl immer mehr ab, wüfor sich der Mensch verantwortlich zeigen muss. Es wdeern zu viele Fische gafenegn (Überfischung), die Meere sind zu sehr verschmutzt, es wird immer mehr an den Ksetün gebaut und Schiffe laufen auf Grund. Ein Ftfnül sämtlicher Riffe ist bereits vrewschnuedn!